AF292060

Pfarrer Franz Meurer
und
Peter Sprong

Kapitalismus, der gut tut

**Wie elf rheinische Wirtschaftsbürger
mehr machen als Geld**

Inhalt

**Kapitalismus – je rheinischer, umso besser!
Eine Einführung.**

Was haben „elf rheinische Wirtschaftsbürger" mit einem weltberühmten Philosophen von der amerikanischen Harvard-Universität zu tun? Die Antwort: Sie leben vor, was der Denker lehrt. Dabei haben sie noch nie ein Buch von ihm gelesen oder eine seiner Vorlesungen im Netz besucht – wenngleich das gar kein Problem wäre, denn Michael Sandel hat ein Millionenpublikum. Auf YouTube! Was sonst nur ein elitärer Kreis von Studierenden an der amerikanischen Nobel-Uni zu hören bekommt, das stellt Sandel seit Jahren ins Internet und macht es weltweit jederzeit und vor allem kostenfrei verfügbar: seine gut besuchten Vorlesungen zum Thema Gerechtigkeit. Dass er das macht, ist keineswegs einer besonderen Online-Affinität zu verdanken. Es ist Programm. Denn Sandel sagt: Was in einer Gesellschaft käuflich ist und was nicht, welche Güter eine Gesellschaft zu Markte trägt und welche nicht – das prägt ganz entscheidend ihren Charakter. Bildung, meint der ehemalige Student des amerikanischen Gerechtigkeitsphilosophen John Rawls, sollte möglichst nicht zu diesen käuflichen Dingen gehören. Sie sollte kostenlos sein und für alle in gleicher Weise zugänglich. Ganz ähnlich sieht er das beim Thema Gesundheit, und als Sandel vor einigen Jahren als Gast bei der Kölner Großveranstaltung philCologne vor ausverkauftem Saal auftritt, beginnt er seine Ausführungen deshalb mit einer Blitzumfrage an sein Publikum: „Wer von Ihnen kann sich

vorstellen, dass man demnächst Nieren oder Lungenflügel im Internet kauft?" So gut wie niemand hebt den Arm. „Yeah", ruft der Amerikaner, „that's Europe!"
In seiner Heimat, erzählt er, stelle er diese Frage auch regelmäßig. Und ebenso regelmäßig stimmten etwa rund 50 Prozent der Zuhörer für einen freien Organhandel. Sie sind überzeugt: Wo immer es darum geht, ein knappes Gut möglichst effizient verfügbar zu machen, da ist der Markt die richtige Lösung. Gäbe es Geld für Lunge, Niere und Co., würden sich mehr Menschen zum Spenden entschließen und mehr Menschen geheilt werden können. Am Ende wäre also allen geholfen: den einen mit Geld, den anderen mit Gesundheit.
In Europa hingegen haben die meisten Menschen Bauchschmerzen beim Thema Organhandel. Sie fragen sich: Würde ein solcher Markt nicht einseitig die Wohlhabenden bevorzugen? Sie können sich im Falle eines Falles Organe kaufen, während Arme wohl eher als Verkäufer am Markt auftreten würden. Aber wie freiwillig ist der Entschluss zum Verkauf einer Niere, wenn nur so die nächste Monatsmiete bezahlt werden kann?
Das Beispiel vom Organhandel zeigt: Kapitalismus ist nicht gleich Kapitalismus. Auch wenn viele Menschen glauben, dass „im Westen" alle Länder dieselbe Wirtschafts- und Gesellschaftsordnung haben – in der Realität gibt es große Unterschiede. Ob Arbeitsplätze, Gesundheitsleistungen, Bildung, Mobilität, Wohnen oder Information – nach rein kapitalistischer Lesart sind auch dies Güter, die von einem möglichst freien Markt bereitgestellt und verteilt werden sollten. Deshalb müssen Eltern, die für ihre Kinder eine solide Ausbildung wollen, in den

USA und anderen Ländern, die nach dem Prinzip des libertären Kapitalismus organisiert sind, dafür tief in die Tasche greifen. Schulen und Universitäten kosten dort oft viele Tausend Dollar pro Monat. Aus demselben Grund existiert in solchen Ländern so gut wie kein öffentlich geförderter Wohnungsbau mit bezahlbaren Mieten, kein öffentlich-rechtlicher Rundfunk, der von Werbeeinnahmen unabhängig wäre, und keine flächendeckende Gesundheitsversorgung für alle.

Zwar gibt es auch in den meisten Ländern Europas für diese Güter einen Markt, aber: Diese Märkte sind reguliert. Mehr oder weniger stark bestimmt der Staat durch Gesetze und Institutionen, an welche Spielregeln sich die Akteure zu halten haben: Vermieter dürfen nicht verlangen, was sie wollen, Bildung wird (nahezu) vollständig vom Steuerzahler finanziert, der öffentliche Personennahverkehr ist stark subventioniert und der Zugang zu medizinischen Leistungen ist (noch halbwegs) unabhängig vom finanziellen Status der Patienten.

In diesen beiden unterschiedlichen Organisationsformen kommt ein tiefgreifender Unterschied der Mentalitäten und ideologischen Grundüberzeugungen zum Ausdruck. „Jeder ist seines Glückes Schmied“, heißt es auf der einen Seite des Atlantiks. Und: „Wenn jeder an sich denkt, ist an alle gedacht.“ Auf der anderen Seite hingegen geht es nicht nur um das Glück des Einzelnen, sondern auch um die Wohlfahrt des Ganzen. Und dieses Ganze, heißt es dort, „ist mehr als die Summe seiner Teile und bedarf einer besonderen Aufmerksamkeit.“

Historisch gesehen ist der individualistisch ausgerichtete, libertäre Kapitalismus in Ländern wie England entstanden

– bei See- und Handelsvölkern mit einem eher individualistischen Blick auf die Risiken des Lebens: Wer reist mit welchem Schiff und welcher Besatzung auf welcher Route zu welchem Ziel? Je nachdem, wie hoch das jeweilige Risiko war, wurden Schiff und Fracht versichert. Bis heute ist dies das Geschäftsmodell der britischen Versicherungsgesellschaft Lloyds. Demgegenüber stehen Bergvölker wie Schweizer oder Österreicher, bei denen die großen Lebensrisiken weniger hausgemacht waren, sondern naturbedingt: Lawinen oder strenge Winter trafen grundsätzlich alle ohne Ansehen der Person, weshalb dort eher solidarische Versicherungsformen entstanden: Alle zahlen ein, weil es jeden treffen kann. Und weil sich alle beteiligen, bleibt die Belastung für den Einzelnen relativ gering, die Absicherung im Schadensfall dennoch ausreichend. Weil sich dieses Solidarprinzip vor allem in jenen Ländern verbreitet hat, die am Lauf des Rheins liegen, hat der französische Ökonom Michel Albert dafür zu Beginn der 1990er-Jahre den Begriff des „Rheinischen Kapitalismus" geprägt.

Er bezeichnet in etwa das, was unter dem Namen „Soziale Marktwirtschaft" vor allem in den deutschsprachigen Ländern, aber auch in den Niederlanden sowie in Skandinavien zum bestimmenden Wirtschafts- und Gesellschaftsmodell geworden ist – eine kapitalistische Praxis, in der die Marktkräfte gezügelt werden: durch gesetzliche Mitbestimmung in den Betrieben, durch staatliche Regulierung des Wettbewerbs, durch strengere Regeln in der Finanzaufsicht, durch höhere Steuern und höhere Sozialabgaben. Der „Rheinische Kapitalismus" weiß: Der Mensch ist nicht für die Wirtschaft da, sondern umgekehrt. Und: Der Mensch lässt sich nicht in zwei Teile teilen: einen, der als Wirtschaftssubjekt am Markt auftritt, und einen, der sich um alles andere kümmert – um seine Beziehungen, seine Kinder, seine Bildung oder die Politik. Schon gar nicht soll im „Rheinischen Kapitalismus" der „homo oeconomicus" alles andere im Leben beherrschen. Eher umgekehrt wird ein Schuh daraus. Bürgerrechte und Bürgerpflichten, wie sie die Verfassungen freier Länder garantieren, sollen für Menschen auch in ihren Rollen als Kunden, Lieferanten oder Mitarbeiter gelten. Denn kaum jemand kann und will auf Dauer in zwei Welten gleichzeitig leben: einer privaten, in der es darum geht, die eigenen Kinder zu rechtschaffenen Bürgern zu erziehen, und einer betrieblichen, in der es darum geht, die Gesetze ebendieser Bürgerlichkeit möglichst ideenreich zu umgehen. Viel lieber und viel besser leben die meisten Menschen in einer Welt, die beide Bereiche integriert – als „integre" Persönlichkeiten, als Wirtschaftsbürger.

Und auch die Gesellschaft insgesamt fährt auf diese Weise besser. Zwar wird das ganz große Geld nach wie vor in den USA verdient. Von den zehn Top-Unternehmen der Welt haben neun ihren Sitz im Land der unbegrenzten Möglichkeiten. Und insbesondere die Silicon-Valley-Unternehmen wie Amazon, Apple und Google geben rund um den Globus den Ton an. Aber ist das schon dasselbe wie „Erfolg"? Fakt ist zum Beispiel: In Deutschland sitzen 77 von 100.000 Bürgern in Haft. In den USA sind es 666. Ermordet werden bei uns 1,2 von 100.000 Menschen, nicht 5,4, und pro Jahr sterben in den USA 15 Mal mehr Menschen durch den Gebrauch von Schusswaffen als in Deutschland. Seit den Zeiten des Bürgerkriegs im

18. Jahrhundert hat das Land mehr Einwohner durch Schusswaffengebrauch verloren als in seinen sämtlichen Kriegen. Auch bei anderen Kennzahlen, die für den „sozialen Erfolg" einer Gesellschaft entscheidend sind wie Alphabetisierung, Kindersterblichkeit, Schwangerschaftsabbrüche oder Selbsttötungsrate liegt die US-amerikanische Gesellschaft weit abgeschlagen hinter europäischen.

Mit dieser Bilanz hat das „rheinische" Modell also auch noch im 21. Jahrhundert den „Erfolg" auf seiner Seite. Weder der US-Kapitalismus noch der neue Staatskapitalismus chinesischer Prägung haben es bisher geschafft, die wirtschaftlichen und sozialen Belange der Menschen, ihr Freiheitsstreben auf der einen und ihre Solidaritätsbedürfnisse auf der anderen Seite, zu einem besseren Ausgleich zu bringen. Trotzdem gerät das „rheinische Modell" zunehmend unter Druck. Insbesondere die Globalisierung verschärft die Wettbewerbsbedingungen immer weiter. Der Spielraum für sozialen Ausgleich scheint zunehmend enger zu werden: Mitbestimmte Industriestandorte haben es schwer im direkten Kostenvergleich mit Produktionsstätten in Schwellenländern; Hochsteuer-Länder ziehen weniger internationales Risikokapital an als Niedrigsteuer-Paradiese, und steigende Energiekosten für die Finanzierung der Energiewende treiben die Kosten hiesiger Unternehmen. Hinzu kommt die Digitalisierung: Wie ein Turbo beschleunigen ihre technologischen Disruptionen die Entwicklung und revolutionieren ganze Geschäftsmodelle, die über Jahrzehnte erfolgreich waren: Musik kommt aus dem Internet, nicht mehr von der Schallplatte; die meisten Übernachtungsmöglichkeiten gibt es auf einer digitalen Plattform, nicht bei einem etablierten Hotelbetreiber; Bücher kauft man per Mausklick, nicht mehr im Buchladen, und auch das Taxi wird durch eine digital vermittelte Mitfahrgelegenheit ersetzt. Außerdem werden demnächst weltweit viele Milliarden Endgeräte in der Industrie und in Privathaushalten gänzlich ohne menschliche Mitwirkung miteinander kommunizieren und ihre Kooperation nach reinen Effizienzgesichtspunkten untereinander abstimmen – es sei denn, die Menschen schreiben den Maschinen andere Maximen in die Steuerungsprogramme.

Wie wahrscheinlich ist es vor dem Hintergrund dieser Entwicklungen, dass die Prinzipien der Humanität und der Gerechtigkeit auch in Zukunft noch eine Chance haben? Wie groß sind die Chancen derjenigen, die ihr eigenes wirtschaftliches Handeln zwar auch, aber nicht ausschließlich an der Gewinnmaximierung ausrichten – für die monetärer Erfolg ein Mittel zum Zweck, aber nicht der Zweck an sich ist? Gibt es solche Akteure überhaupt noch?

Die erfreuliche Antwort lautet: Ja. Es gibt sie, und elf davon werden in diesem Buch vorgestellt. Elf rheinische Wirtschaftsbürger, die hier deshalb so heißen, weil sie ihre Grundsätze als Bürgerinnen und Bürger demokratischer Gesellschaften an keiner Pförtnerloge und keinem Werkstor abgeben; die als Unternehmer oder Manager genauso handeln, wie sie es auch sonst für richtig halten, und die dabei – das ist die Pointe – auch wirtschaftlich erfolgreich sind. Ob Banker, Hotelbetreiber, Landwirte, Gartenbauer oder Autoverleiher, sie alle zeigen durch ihr Beispiel: Wer sich ökonomisch sinnvoll verhält, muss deshalb nicht zwangsläufig mit sozialen oder ökologischen Anforderungen in Konflikt geraten.

Allerdings: Von selbst funktioniert auch der „Rheinische Kapitalismus" nicht, nicht einmal im Rheinland. Mitten im Getöse von Globalisierung und Digitalisierung behauptet er sich vor allem dort, wo nicht die Gesetze der börsennotierten Aktiengesellschaften herrschen, sondern die höhere Klugheit weitblickender Unternehmer*innen und Manager*innen. Sie mögen manchem als Randfiguren im großen Wirtschaftstheater gelten. Tatsache aber ist: 99 Prozent der deutschen Unternehmen sind kleine und mittlere Unternehmen. Fast zwei Drittel aller Beschäftigten arbeiten dort und auf sie entfällt gut die Hälfte der Bruttowertschöpfung. Zusammen machen sie einen Unterschied, um den uns manch einer beneidet – nicht nur amerikanische Philosophen wie Michael Sandel. Auch viele andere, die zwischen freier Marktwirtschaft und sozialistischer Planwirtschaft nach einem „Dritten Weg" suchen, finden Gefallen an der ebenso schlichten wie einleuchtenden Botschaft des „Rheinischen Kapitalismus", die der Kölner Kabarettist Jürgen Becker einmal auf den Punkt brachte, als er sagte: „Langfristig ist der Umsatz am größten, wenn alle mittrinken." Und wenn man aufhört – so ließe sich hinzufügen –, auf allen Gebieten gleichzeitig das Optimum zu wollen. Nicht Perfektionismus treibt rheinische Kapitalisten, wie sie in diesem Buch zu Wort kommen, sondern die Idee einer Welt nach menschlichem Maß – hier und da unperfekt, dafür aber nachhaltig, und vor allem: lebenswert.

Kreative Impulse für den sozialen Wohnungsbau
Der Architekt Holger Kirsch

Holger Kirsch (45) ist Architekt von Beruf, aber er weiß auch, wie man eine Großstadt regiert. Das hat er zumindest den Kandidaten, die sich im Jahr 2015 um das Amt des Oberbürgermeisters in Köln bewarben, öffentlich von einer Bühne zugerufen – dem SPD-Mann Jochen Ott und der parteilosen Henriette Reker. Dabei erinnerte sein Fazit über die Regierungsarbeit damals an das Bonmot von Karl Valentin über die Kunst: „Es macht unheimlich Spaß, aber auch unheimlich viel Arbeit!" Die Gemeinten nahmen es mit Humor und spendeten Kirsch Beifall – ebenso wie das Publikum im altehrwürdigen Kölner Gürzenich, dem Feierhaus des Kölner Bürgertums. Und wahrscheinlich ertönte nach der Ansprache des Architekten sogar ein Tusch, denn die Rede hielt er in seiner Rolle als Prinz Holger I. Zusammen mit seinen besten Freunden, Sascha Prinz (Jungfrau Alexandra) und Michael Müller (Bauer Michael), hatte er in der Session 2015 das Dreigestirn im Kölner Karneval gestellt und dabei neue Maßstäbe gesetzt. Nicht nur, dass der junge und authentisch gut gelaunte Prinz extra für sein Amt das Mundharmonika-Spielen erlernt hatte und durch warmherziges Auftreten die Herzen seines närrischen Volkes eroberte. Gemeinsam mit Bauer Michael und Jungfrau Alexandra definierte er auch die traditionelle Wohltätigkeit des Dreigestirns neu. „Wir haben damals lange überlegt, auf welchem Gebiet wir uns engagieren sollten", erinnert sich der Ex-Prinz. „Bis wir dann auf die Idee kamen, etwas ganz Neues und Eigenes auf die Beine zu stellen." Geboren wurde auf diese Weise der Verein „Laachende Hätze", der sich die Unterstützung von Kindern, die es besonders schwer haben – insbesondere von Flüchtlingskindern –, auf die Fahnen schrieb.

Der Erfolg dieser persönlich motivierten Neugründung war überwältigend: „Am Aschermittwoch hatten wir 280.000 Euro in der Kasse – zusätzlich jede Menge Sach- und Aktionsspenden, denn ganz offensichtlich hatten wir vielen Menschen Lust auf ein eigenes Engagement gemacht." Und was den Ex-Prinzen am meisten freut: Dieses Engagement endete nicht am Aschermittwoch, sondern dauert bis heute an. Die Vereinsgründung hat sich als nachhaltig erwiesen. Nach wie vor kommen monatlich ansehnliche Beträge zusammen und werden Hilfseinsätze rund um die Versorgung von Flüchtlingen organisiert. Allerdings: „Es gibt auch Leute, die zu Beginn des Jahres 2015 noch zu den Unterstützern zählten, nach dem starken Anstieg der Flüchtlingszahlen im September und im Laufe des Jahres 2016 aber die Seiten gewechselt haben. Die fragen uns jetzt manchmal hinter vorgehaltener Hand, ob wir etwa immer noch das Geld für Flüchtlinge ausgeben", berichtet Holger Kirsch. Man sieht ihm dabei an, dass es ihm eine innere Genugtuung ist, diesen Leuten ein beherztes „Ja sicher" entgegenzurufen. Denn soziales Engagement ist für Holger Kirsch eine innere Verpflichtung, der er nicht nur in der Karnevals- oder Weihnachtszeit Folge leistet.

Auch mit seinem 12-köpfigen Architektur-Team setzt er auf soziale Projekte. Zwar entstehen an den Computern des Unternehmens schon seit seiner Gründung im Jahr 2009 anspruchsvolle Einfamilienhäuser, die er von ersten Skizzen bis zum schlüsselfertigen Bau für eine gut betuchte Kundschaft realisiert. Das Volumengeschäft aber macht Architekt Kirsch mit Projekten aus dem sozialen Wohnungsbau. Und nicht nur das: Auch sein privates Geld investiert er in diese Bauvorhaben. Zahlreiche Projekte hat er in Köln und Umgebung bereits auf die Beine gestellt, darunter auch viele Wohneinheiten für Bürgerinnen und Bürger, die sich eine frei finanzierte Wohnung nicht leisten können. „Und das", so Kirsch, „sind in Köln ja fast 50 Prozent der Bevölkerung." Gerade sie leiden unter dem Wohnungsmangel, der sich immer weiter verschärft und gegen den bisher trotz aller Beteuerungen kein politisches Kraut wächst. Allein in der Domstadt müssten pro Jahr bis zu 6.000 Wohnungen neu gebaut werden, um den steigenden Bedarf zu decken. Tatsächlich gebaut aber wurden beispielsweise 2017 nur 2.138 Einheiten. „Das", sagt Kirsch, „ist ein klares Versäumnis der Politik, die angesichts steigender Grundstückspreise die Anreize für Investoren im sozialen Wohnungsbau deutlich erhöhen muss."

Früher habe es beispielsweise über die Landeszuschüsse hinaus weitere städtische Unterstützung von bis zu 20 Prozent der Bausumme für diejenigen gegeben, die in den geförderten Wohnungsbau investierten. Mit dem allgemeinen Trend zur Deregulierung aber seien die Städte von dieser Praxis abgerückt. „Das war ein schwerer

Fehler", erklärt Kirsch und wünscht sich, dass das Thema Wohnen wieder stärker und vor allem konsequenter in den Fokus der kommunalen Politik gerückt wird. Allerdings hat der närrische Stadtregent beobachtet, dass sich für ein solches öffentliches Engagement immer nur die Partei im Stadtrat stark macht, die gerade in der Opposition ist. „Es scheint, als ob die Volksvertreter nach erfolgreicher Wahl erst mal zu müde und zu erschöpft sind, um die Mühen der Ebene auf sich zu nehmen, die nötig sind, damit den Versprechungen auch Taten folgen." Gerade als „Rheinischer Kapitalist" ärgert es den Architekten, wenn es an der wichtigen Schnittstelle zwischen Privatwirtschaft und öffentlichem Interesse derart knirscht. Denn dass bezahlbarer Wohnraum ein Grundrecht ist, dessen Erfüllung man nicht allein dem Markt überlassen sollte, ist für Kirsch unbestreitbar. Dafür aber müsse die Einbettung des Marktes in einen öffentlichen Regelungsrahmen besser organisiert sein. Das in Köln und anderen Städten seit einiger Zeit eingeführte kooperative Baulandmodell etwa hält Kirsch nicht für ausreichend, um die bereits existierende und drohende Wohnungsnot zu lindern. Das Modell sieht vor, dass Bauherren und Investoren, die auf städtischen Grundstücken bauen, neben Eigentumswohnungen und frei finanzierten Einheiten mindestens 30 Prozent sozialen Wohnungsbau unterbringen müssen, vorausgesetzt es entstehen mehr als 20 Wohneinheiten. „Solange jedenfalls die Preise solcher Grundstücke weiterhin ins Astronomische steigen, bedeutet diese Regelung vor allem, dass es für die Investoren noch teurer wird." Denn: In der Regel ist das Bauen geförderter Wohnungen teurer als der Bau nicht geförderter Wohnungen. „Beim Lärmschutz etwa sind Einrichtungen gefordert, die bei einem normalen Einfamilienhaus keineswegs erforderlich sind“, erklärt Kirsch. Daher wünscht er sich neben einer stärkeren finanziellen Förderung durch die Kommunen vor allem eine Entlastung von Bürokratie und Auflagen, die das Bauen zusätzlich verteuern.

Allerdings sieht Holger Kirsch auch im eigenen Lager Veränderungsbedarf. „Der klassische Immobilieninvestor fängt ja in der Regel überhaupt erst bei Renditeaussichten von mehr als fünf Prozent an zu denken“, sagt er. Und da könne der soziale Wohnungsbau selbst unter idealen Bedingungen niemals mithalten. „Wir rechnen mit einer langfristigen Rendite von drei bis vier Prozent – und das kann ja auch einfach mal reichen.“ Zumal, so fügt er hinzu, in der anderen Waagschale ein hohes Maß an Sicherheit für den Investor liege. Öffentlich geförderte Wohnungen hätten de facto eine Vermietungsgarantie. Die Fluktuationsrate unter den Mietern sei meist relativ gering. Und, so Holger Kirsch, wer seine Mieter schon bei der Architektur und auch sonst gut behandele, der könne auch davon ausgehen, dass die Mieter das Objekt gut behandelten. Holger Kirsch jedenfalls steckt sein Geld und seine Arbeitskraft gerne in den sozialen Wohnungsbau. Schließlich sei er – sagt Kirsch – nicht Architekt geworden, um möglichst rentable Renditeobjekte in die Welt zu setzen, sondern um mit seinem Können und Talent einen sinnvollen Beitrag für das Leben der Menschen zu leisten. „Das eigene Haus oder die eigene Wohnung ist nicht nur ein Grundrecht, sondern auch ein Grundbedürfnis, und es geht darum, dieses Bedürfnis so gut, so nachhaltig und so erschwinglich wie möglich zu befriedigen – und zwar nicht nur für jene, die dank ihrer finanziellen Möglichkeiten große Gestaltungsspielräume haben." Damit dabei am Ende keine Wohnsilos oder Ghetto-Viertel entstehen, wie man sie in den 1970er-Jahren errichtet hat, plädiert der Kölner Architekt für die Einhaltung einiger weniger Grundregeln. Sie lauten: Nicht mehr als rund 30 Wohneinheiten auf einem Gelände, hohe Bauqualität, die den Menschen ein Gefühl von Wertigkeit vermittelt, ausreichend Grünanlagen in der Umgebung, ein Platz zum gemeinsamen Feiern sowie vor allem eine gute Durchmischung bei den Wohnungsgrößen. Vom 1,5-Zimmer-Appartement bis zur 4-Zimmer-Wohnung sollte möglichst alles dabei sein. Denn nur so kommen Studierende, Senioren, Alleinstehende und junge Familien zusammen. Auch die Kombination mit öffentlichen Einrichtungen wie Kindertagesstätten ist nach Kirschs Erfahrungen eine gute Idee, um die Gesellschaft schon im Kleinen zusammenzuhalten. „Wir haben in unseren Projekten sogar schon den Fall erlebt, dass alleinstehende Senioren eine Patenschaft für die Kindergartenkinder von nebenan übernommen haben. Das war für alle Beteiligten ein Gewinn: Die Kinder hatten eine Anlaufstelle, wenn Vater oder Mutter sich verspäteten, die Eltern mussten sich nicht sorgen und die Senioren genossen die Abwechslung."

Zurzeit baut Holger Kirsch mit seinem Team eine weitere Wohnanlage in Köln. Viele Menschen werden dort demnächst ein bezahlbares Zuhause haben. Und der ehemalige Prinz Karneval weiß schon jetzt, dass es für ihn ein gutes Gefühl sein wird, wenn er „seine" Wohnanlagen in den kommenden Jahren immer wieder mal besucht. „Ich weiß dann, ich habe was Sinnvolles gemacht, das ich auch meinen Kindern jederzeit vorzeigen kann", sagt er. Und mit einem Lächeln fügt er hinzu: „Ein bisschen ist das wie auf den Bühnen im Karneval. Man spürt, dass der eigene Einsatz für andere eine große Bedeutung hat. Das macht dankbar. Und es entschädigt doppelt und dreifach für alle Anstrengungen."

Non-Stop-Wachstum seit einem Vierteljahrhundert
Der Bauer Hanns Courth

Auf der Arbeit nennen sie ihn nur „das Erdferkel". Der kompakte und stämmige Mann lichtet wild wuchernde Brombeerbüsche, hebt schlammige Gruben aus und befreit künftiges Saatland von altem Wurzelbestand. In sauberen Kleidern sieht man Friedhelm K.[1] höchstens sonntags – und erkennt ihn dann kaum wieder. Gut möglich, dass er sich im Sonntagsanzug auch selbst fremd vorkommt. Aber darüber lässt sich nur spekulieren. Würde man ihn fragen, sähe er sein Gegenüber wahrscheinlich nur fragend an. „Sich selbst fremd vorkommen" – das ist für K. keine Kategorie. Über solche Dinge denkt er nicht nach. Friedhelm K. ist ein Mann der Praxis, einer, der anpacken kann und nicht viele Worte macht. In der Schule hat ihm das eher geschadet und mit seinen Zeugnissen konnte er lange keinen Job finden. Auch eine klassische Ausbildung kann er nicht vorweisen. Aus dem Team von Bauer Courth aber ist der kräftige junge Mann seit Jahren nicht mehr weg zu denken. Das „Erdferkel" ist eigentlich sogar ein „Ehrenferkel", erzählt sein Arbeitgeber, ein Ehrentitel, den ihm die anderen verliehen haben. Denn K. kann, was seine Kollegen nicht können. Als sie im vergangenen Sommer den zum Teil verwilderten Garten einer Kundin für die Neugestaltung vorbereiten sollten, traute sich an die dornigen und widerborstigen Wildsträucher, die seit Jahrzehnten dort gewuchert hatten, keiner so recht heran. Friedhelm K.¹ freute sich regelrecht auf die Aufgabe und machte sich mit Motorsäge, Motorsense und Spitzhacke an die Arbeit. Nach nur einem Vormittag war der unliebsame Job erledigt, K. erschöpft und die Kundin glücklich.

„Jeder Mensch hat seine ganz besonderen Fähigkeiten, und die gilt es zu erkennen", erklärt Bauer Hanns Courth (77). Der Mann, der das sagt, hat nicht etwa eine pädagogische Hochschule besucht, sondern die höhere Landbauschule in Brühl. Als er 1981 den Hof seines Vaters im Kölner Norden übernahm – über 200 Hektar Getreideanbau, dazu eine große Schweinezucht –, da zeichneten sich die Probleme schon ab. Der Preisverfall bei den Erzeugnissen, steigende Auflagen und die immer näher rückende Besiedlung machten dem Hof zu schaffen. Nach ein paar Jahren war klar: Fünf Angestellte würde er von den mageren Erträgen nicht mehr lange finanzieren können. „Damals hab' ich meinen Leuten gesagt: Entweder ich muss euch jetzt alle vor die Tür setzen und alleine weitermachen, oder wir lassen uns was einfallen." Und dieser Einfall hieß: Abschaffung der Schweinezucht, stattdessen Papier und Dreck auf städtischen Freiflächen aufsammeln. Denn dem Chef und seinem Team war klar: Wenn das alte Geschäftsmodell nicht mehr funktioniert, muss eben ein neues her. Was Bauer Courth damals noch nicht ahnte: Die Kontakte zur Stadt, der Auftraggeberin für die Müllentsorgung, sollten sich

---

¹ Die Namen sämtlicher Mitarbeiter wurden geändert.

noch anderweitig bezahlt machen. Die Müllsammler mit Landwirtschafts-Know-how mauserten sich zu Garten- und Landschaftsbauern.

Heute – fast 30 Jahre später – haben im Unternehmen „Bauer Courth" 45 Menschen einen Arbeitsplatz und ein gesichertes Auskommen. Sie bewirtschaften nach wie vor 220 Hektar Land, bauen Mais und Getreide an – je zur Hälfte für die Lebensmittel- und Biogas-Produktion. Unter demselben Markendach führen sie einen höchst erfolgreichen Betrieb für Garten- und Landschaftsbau inklusive eigener Schreinerei, der mittlerweile neben den öffentlichen Aufträgen von der Stadt auch für Privatpersonen aktiv ist. Längst ist „Bauer Courth" in Köln und Umgebung zu einer Marke geworden, die für Qualität und Innovation steht, aber auch für soziales Engagement aus persönlicher Überzeugung. Es ist die Geschichte eines Erfolgs nicht nur in wirtschaftlicher, sondern auch in menschlicher Hinsicht. Denn für Bauer Hanns Courth ist ganz klar: „Das ergänzt sich nicht nur. Das gehört zusammen."

Erklärt man dem unscheinbaren Mann im karierten Flanellhemd, dass die herkömmliche Betriebswirtschaft einen solchen Zusammenhang keineswegs vorsieht, schaut er nur ungläubig. Die Betriebswirtschaft, sagt er dann, könne ihm – bei allem Respekt – gestohlen bleiben. Er selbst versucht dieser Tage seinen Ruhestand anzutreten und hat den Betrieb an seinen Sohn Martin (33) übergeben. Dabei hinterlässt er ihm große Fußspuren, denn das Unternehmen „Bauer

Courth" kann etwas vorweisen, das längst nicht jeder nach BWL-Regeln geführte Betrieb vorweisen kann: ein Vierteljahrhundert ununterbrochenes Wachstum. Nicht ein einziges Jahresergebnis war schlechter als das vorhergehende, die Mitarbeiterzahl hat sich in dieser Zeit fast verzehnfacht, immer wieder sind im Laufe der Jahre neue Geschäftsbereiche hinzugekommen – zuletzt stieg „Bauer Courth" im großen Stil in die Wildsamen- und Wildpflanzenproduktion ein und ist heute einer der ganz wenigen Betriebe, die Saatgut für Kornblumen, Margeriten und Co. anbieten. Wäre das Unternehmen 1995 als Start-up an die Börse gegangen – der Namensgeber wäre heute möglicherweise Multimillionär.

Der Clou an der Sache aber ist: Genau das wollte und will Hanns Courth nicht werden. Geld, sagt er, spiele für ihn keine Rolle – und wenn, dann nur als Mittel zum Zweck. Gut leben könnten er und seine Familie heute von den Erträgen, müssten sich um ihr Auskommen auch jetzt im Alter keine Sorgen machen. Mehr habe er nie gewollt. „Wozu?", fragt er und sieht sein Gegenüber lange und durchdringend an. Man kann sich dann vorstellen, dass bei diesem Blick – einer Mischung aus Naivität und erfahrungsbasierter Lebensweisheit – selbst eingefleischte Finanzkapitalisten ins Grübeln kommen: Wohin führt es eigentlich, wenn sich der Drang nach Kapitalvermehrung nur noch selbst ernährt, wenn er kein Ziel außerhalb seiner selbst mehr hat?

Für einen „Rheinischen Kapitalisten" und Wirtschaftsbürger wie Hanns Courth war immer klar, dass die Regeln der Ökonomie kein Eigenleben führen, sondern eingebettet sein müssen in das Ganze des Lebens. Zwar würde er selbst das so niemals sagen. „Das ist mir zu kompliziert", würde er einwenden und eher noch ein Beispiel dafür bringen, was seine Form der Betriebswirtschaft von der Mathematik der McKinsey-Jünger in großen Unternehmen unterscheidet. Vor ein paar Jahren etwa fragte ihn sein Sohn, ob er im Betrieb nicht einen Freund unterbringen könne. Orgelbauer sei der von Beruf und als solcher seit geraumer Zeit arbeitslos. Die Antwort von Bauer Courth, dessen Portfolio schon damals breit aufgestellt war, aber definitiv keine Musikinstrumente umfasste: „Sicher findet sich da was." Und: „Wo zehn satt werden, da ist am Tisch auch Platz für elf" – das glatte Gegenteil also von betriebswirtschaftlichem Effizienzdenken. Erst als der Orgelbauer schon auf der Gehaltsliste stand, stellte sich schließlich heraus, wie sich sein Lohn künftig finanzieren ließ: Der Mann verstand und versteht sich aufs Schreinerhandwerk und in den Gärten, die Bauer Courth mit seinem Team versorgt, gibt es Holzschuppen, die repariert oder umgebaut werden sollen. Außerdem suchte ein Großkunde von Courth händeringend nach Leuten, die zu fairen Preisen Spielgeräte auf Kinderspielplätzen in Schuss halten – die Stadt Köln. Mit dem neuen Mann an Bord konnte er sich auch auf diese Ausschreibungen bewerben, holte den Zuschlag und zimmerte daraus eine neue, tragende Säule im Geschäft von „Bauer Courth".

Mittlerweile arbeiten neben dem Orgelbauer bis zu vier weitere Mitarbeiter in diesem Geschäftsbereich. „Mich motiviert nicht das Geld. Mich motiviert die Aufgabe", sagt Bauer Courth – und je ungewöhnlicher die ist, umso höher ist die Motivation. „Geht nicht gibt's nicht. Wir haben uns im Gegenteil regelrecht spezialisiert auf schwierige Jobs", erklärt er und erinnert sich daran, wie ihn vor vielen Jahren einmal jemand fragte, ob er auch ein Flugfeld mähen könne. „Ich hab natürlich zugesagt, aber in Wirklichkeit hatte ich keine Ahnung, wie wir das schaffen sollen." Zum Schluss lief dann aber auf dem US-Luftwaffenstützpunkt im Hunsrück doch alles glatt. „Manches muss man einfach angehen, die Lösung findet sich dann", sagt Courth heute.

Voraussetzung ist freilich, dass die Mitarbeiter den Abenteuergeist ihres Chefs teilen und sich an der Suche nach einer guten Lösung aktiv beteiligen. Und genau an dieser Stelle kommen die sogenannten leistungsgeminderten Mitarbeiterinnen und Mitarbeiter ins Spiel, die schwer Vermittelbaren und Behinderten, die Bauer Courth beschäftigt. Denn nicht selten sind es deren besondere Begabungen und Charaktereigenschaften, die gerade bei schwierigen Aufgaben äußerst hilfreich sind. Durchsetzungsstärke, Leistungswille, Ausdauer und Beharrlichkeit etwa sind bei ihnen oft besonders ausgeprägt – oder auch das Orientierungsvermögen wie im Falle von Bettina W.: Die geistig behinderte Mitarbeiterin kennt sowohl die ländliche

Umgebung des Hofes als auch die Straßen und Sträß-
chen der umliegenden Städte wie aus dem Effeff. Ganz
ohne Navigationsgerät findet sie auf Anhieb den kür-
zesten Weg zum Kunden – auch und gerade dann,
wenn der etwas kompliziert ist. „Wo andere ewig suchen, bringt Bettina unsere Mannschaft schnell ans
Ziel", erzählt Hanns Courth. „Das spart Zeit und Kosten,
vor allem aber freuen sich unsere Kunden, wenn wir
pünktlich sind." Ebenso freuen sie sich, wenn zur Pfle-
ge ihres Gartens stets derselbe Mitarbeiter erscheint,
Holger M. zum Beispiel. Der 35-Jährige hat mit einer
Alkoholsucht zu kämpfen, gewöhnt sich nur schwer an
neue Umgebungen und arbeitet am allerliebsten dort,
wo er schon einmal war. Gleichzeitig legt er großen
Wert auf Ordnung: „Einer unserer Leute wollte ihn bei
einem Einsatz mal dazu überreden, die Arbeit nur
oberflächlich zu erledigen. Dem hat er gesagt: ‚Nein!
Wenn du mit mir arbeitest, dann muss alles ganz ordentlich gemacht werden.'"

Wo andere nur zähneknirschend ihre gesetzlich vorge-
schriebene Behinderten-Quote erfüllen und um Ge-
ringqualifizierte einen großen Bogen machen, ist Bauer Courth deshalb besonders interessiert an der Zusammenarbeit. Schon vor der gesetzlichen Verpflichtung zahlte er seinen Mitarbeitern den heutigen Mindestlohn und setzt sich seit Jahren dafür ein, dass jeder, dem ein Schwerbehindertenausweis zustehen
würde, diesen auch erhält. Denn er weiß: Der Ausweis
macht den Betroffenen das Leben in vieler Hinsicht
leichter – von der Freifahrt mit dem öffentlichen Per-

sonennahverkehr bis zur Wohnungssuche. Für ihn als Unternehmer steigt zwar – trotz staatlicher Zuschüsse – mit jedem anerkannten Behinderten im Betrieb das unternehmerische Risiko, denn natürlich genießen Menschen mit Behinderung einen besonderen Kündigungsschutz. Aber es bedeutet eben auch einen besonderen Gewinn: für seine Kunden, für das Unternehmen, für den betreffenden Mitarbeiter, für das Team und nicht zuletzt für die Gesellschaft insgesamt. Drei Teammitglieder haben derzeit – dank Bauer Courths Hilfe – einen Schwerbehinderten-Ausweis, für zwei weitere bemüht sich der eigentlich schon pensionierte Chef-Bauer gerade darum. Schon das ist eine Quote von über zehn Prozent – vorgeschrieben sind fünf Prozent. Zählt man die auf dem freien Arbeitsmarkt schwer vermittelbaren Mitarbeiter hinzu, die den Behindertenstatus aus rein formalen Gründen nur knapp verpassen, liegt der Anteil der Geringqualifizierten im Team von Bauer Courth bei rund zehn Prozent. „Man macht doch so ein Unternehmen nicht, um den Gewinn zu maximieren", sagt Hanns Courth. „Man macht das, um selbst ein Auskommen zu haben und dabei zugleich etwas Sinnvolles zu tun – für alle, die damit zu tun haben, Kunden genauso wie Mitarbeiter."

Dass sie so etwas in der großen Wirtschaft als Stakeholder-Ansatz bezeichnen – im Unterschied zum reinen Shareholder-Ansatz, wo es vor allem darum geht, dass die Kapitalgeber vom Unternehmen profitieren –, das interessiert Bauer Courth höchstens am Rande. Er folgt mit seinem Unternehmen keiner expliziten Theorie und will keinen „Ansatz" durchexerzieren. Er folgt dem, was er auch sonst im Leben für richtig hält und wenn es dabei doch einmal zu Konflikten kommt, folgt er der Stimme seines Gewissens.

Ausgerechnet bei einem Kunden aus dem „horizontalen Gewerbe", wie Bauer Courth sagt, habe es mal Beschwerden über einen seiner Mitarbeiter gegeben. Zusammen mit anderen hatte der die Gartenanlage des „Sauna-Clubs" neu gestaltet. Nachdem allerdings durch die Rechnung transparent geworden war, dass es sich um einen behinderten Mitarbeiter gehandelt hatte, klingelte bei Bauer Courth das Telefon. Der Chef des Etablissements beschwerte sich: „Den wollen wir hier aber nicht noch mal wiedersehen." Zum Schein zeigte sich Bauer Courth damals zunächst gesprächsbereit: „Also gut, wenn Sie meinen Mitarbeiter nicht sehen wollen, dann kommt der auch nicht mehr." Und erst nach einer Pause, in der sich der Kunde bereits erleichtert für das Entgegenkommen bedankte, schob er gelassen seine Pointe nach: „Aber die anderen kommen dann auch nicht mehr." Denn eins ist klar, sagt der Erfolgsbauer aus Köln: „Meine Überzeugungen lass' ich mir nicht abkaufen – für kein Geld der Welt."

„Kein Kunde hat je einen Cent verloren"
Der Volks- und Raiffeisenbanker Johannes Berens

Johannes Berens (69) konnte sich damals eigentlich gar nicht erklären, warum man nun ausgerechnet ihn ausgesucht hatte. Als Vorstand einer kleinen Bank im Bergischen Land bei Köln ging er nicht davon aus, dass ihn bei der großen Zentrale überhaupt irgendjemand kannte. Und dass man ihn gar in den Aufsichtsrat dieser Zentralbank berufen könnte, war ein Gedanke, der ihm persönlich nie gekommen wäre.

Die Entscheider der WGZ-Bank aber, der Westdeutschen Genossenschafts-Zentralbank, sahen das ganz anders. Sie beriefen Berens in ihr Aufsichtsgremium, weil sich der Mann aus dem Bergischen mit besonderen Erfolgen für diese Position ausgezeichnet hatte: Seine Raiffeisenbank Kürten-Odenthal eG (seit 2017 Volksbank Berg eG) war über Jahre hinweg der Platzhirsch in der zweitgrößten Flächengemeinde Nordrhein-Westfalens. Ganz gleich in welcher Disziplin, ob Bilanzsumme, Kundenzahl oder Kreditvolumen: Berens lag mit seinem rund 130 Mitarbeiter starken Team vorne und verwies Mitbewerber wie die Sparkassen auf die Plätze. Selbst von außerhalb – auch aus dem nahe gelegenen Köln – kamen die Kunden, um bei Berens ihr Geld anzulegen. Bis heute zahlt die Genossenschaftsbank, die zum Verbund der Volks- und Raiffeisenbanken gehört, Dividenden von bis zu sieben Prozent. Denn auch wenn Johannes Berens selbst seit 2013 in Rente ist: Seine Nachfolger halten an den von ihm eingeführten Grundsätzen der Geschäftsführung fest. Deren Essenz hat Berens schon vor vielen Jahren im Slogan seiner Volksbank auf den Punkt gebracht: „Nähe durch Vertrauen".

Was das in der Praxis bedeutet, erklärt der schlanke, hochgewachsene Mann anhand eines Beispiels. Es dreht sich um einen Mann, der zunächst einmal gar kein Kunde der Raiffeisenbank Kürten-Odenthal war, sondern sein nicht unbeträchtliches Vermögen bei einer anderen deutschen Bank mit Zentrale in Frankfurt angelegt hatte. „In der Tat", erinnert sich Berens, „hatte der Mann ein Liquiditätsproblem. Anders als die Kollegen der Großbank war ich aber der Meinung, dass dieses Problem temporärer Natur ist. Denn ich kannte den Mann ja. Ich kannte auch die Grundstücke und die Immobilien, die er besaß, und ich kannte die Wertentwicklung dieser Vermögenspositionen in unserer Region. Für mich war der Mann deshalb alles andere als ein Risiko-Kandidat – eher im Gegenteil." Und während die bisherige Hausbank schon Pläne für eine Umschuldung schmiedete, machte Berens ihm das Angebot, zu seiner kleinen Volksbank zu wechseln. Die beiden setzten sich zusammen und arbeiteten gemeinsam einen Plan zur Lösung des Liquiditätsproblems aus, der am Ende aufging – und der Volksbank einen weiteren Millionärskunden bescherte.

In der Summe führten Vorgänge wie dieser zu einem Erfolg, der nicht nur Berens in den WGZ-Aufsichtsrat führte, sondern seine Bank vor allem auch sicher und ohne einen Cent Verlust durch die Finanzkrise. „Bei uns hat überhaupt noch nie jemand sein Geld verloren", betont Berens, der die Ursache dafür vor allem in einer verantwortungsvollen Anlagestrategie sieht. „Wir haben niemals Finanzprodukte verkauft, nur weil sie für uns einen kurzfristigen Vorteil boten – das fällt einem immer irgendwann auf die Füße. Spätestens, wenn die Kunden damit Schiffbruch erleiden." Dabei wäre die Versuchung in den zurückliegenden Jahren und Jahrzehnten auch für die Volksbank groß gewesen. Schließlich leidet sie – wie alle anderen Kreditinstitute – nicht erst seit heute unter der fortgesetzten Schrumpfung der Zinsmargen: Schon seit langem sind die Überschüsse aus dem Kreditgeschäft nicht mehr so üppig, dass sich allein davon leben ließe – erst recht nicht, seitdem die Regulierungsvorschriften auch für die Genossenschaftsbanken immer weiter zunehmen und dazu immer mehr Personal bezahlt werden muss. Und da ist die Verlockung natürlich hoch, das fehlende Geld durch Finanzprodukte reinzuholen, die zwar besonders risikoreich sind, zugleich aber auch beachtliche Provisionen abwerfen. Hinzu kam im Fall der Raiffeisenbank Kürten-Odenthal, dass die Gemeinde Odenthal zu den reichsten Gemeinden in ganz Deutschland zählt. Bis heute ist die Millionärsdichte hier ungefähr so hoch wie in Düsseldorf oder Münster, denn wer in Köln oder Düsseldorf eine Firma leitet oder als Top-Manager ein gutes Gehalt bezieht, wohnt nicht selten auf dem stadtnahen grünen Land – Jagd-, Reit- und Golfsport-Gelegenheiten inklusive. Und der weiß auch, wo das ganz große Geldrad gedreht wird, und kennt sich aus mit Warentermingeschäften, Devisenwetten und Aktienspekulationen.

Trotzdem gelang es Berens und seinen Leuten, gerade diese lukrative Kundschaft für die Volksbank zu gewinnen, dabei aber von den risikoreichen Geschäften stets die Finger zu lassen. „Manch einer hat sich da von uns durchaus ein bisschen mehr Risikobereitschaft gewünscht", erinnert sich der Ex-Vorstand. „Es war ja damals die Zeit, als man dachte, es ließe sich quasi unbegrenzt Geld aus dem Nichts schöpfen." Als Genossenschaftler aber, dessen Bank per Definition und Satzung nicht der kurzfristigen Gewinnmaximierung verpflichtet ist, sondern dem nachhaltigen Schutz des Kapitals seiner Mitglieder, waren Berens derartige Modelle schon immer eher suspekt. Allerdings, und darauf legt er Wert: nicht nur ihm. „Wir haben uns immer im Team beraten", erzählt er und ist sich sicher, dass auch dies zu den Vorteilen einer kleinen Organisation zählt: dass sich der Vorstand mit den Mitarbeitern der ersten und auch zweiten Hierarchieebene zusammensetzt und dass man in dieser Runde gemeinsam überlegt, welche Finanzprodukte zu den Kunden und zur Philosophie des Hauses passen und welche nicht. „Sicher", sagt Berens, „eine basisdemokratische Organisation waren wir nie. Auch bei uns hat am Ende der Vorstand die Entscheidungen gefällt. Aber allein die Beteiligung derjenigen Mitarbeiterinnen und Mitarbeiter, die tagtäglich mit den Kunden zu tun haben, hat uns immer davor bewahrt, uns allein vom mathematischen Reiz einer Renditeaussicht treiben zu lassen."

Auch ein übergeordnetes Renditeziel hat es bei der Volksbank nie gegeben. „Wir müssen mindestens 25 Prozent Rendite erzielen" – eine solche Idee, wie sie einst Josef Ackermann für die Deutsche Bank vorgab, war für die Genossenschaftler kein denkbarer Leitsatz. Deren Geschichte hat im Gegenteil gezeigt: Immer dann und immer dort, wo Teile des genossenschaftlichen Bankenverbundes oder auch ein Zentralinstitut wie die DZ-Bank in Frankfurt doch einmal den Verlockungen des schnellen Geldes und der großen Rendite erlagen, hat das zu Problemen geführt. Und fast immer wurden derartige „Ausflüge" im Nachhinein wieder korrigiert. „Große Immobilien in Neuseeland und weitläufige Grundstücke in Australien haben sich als Investitionsobjekte für uns nicht bewährt", blickt der Ex-Aufsichtsrat der WGZ Bank zurück.

Ganz anders hingegen war und ist das mit Immobilien und Grundstücken im Bergischen Land. Sie rückten schon vor vielen Jahren in dem Maße mehr in den Fokus der Volksbank-Leitung, in dem das klassische Zinsgeschäft an Ertragskraft verlor. „Wichtig aber war", erinnert sich Berens, „dass wir unsere neuen Produkte immer aus unserer genauen Kenntnis der Kunden heraus entwickelt haben. Das galt für die Immobilienvermittlung und Immobilienfinanzierung ebenso wie zum Beispiel für Investitionsfonds. Und: „Wir haben den Kunden genau zugehört und anschließend das angeboten, was für sie von Nutzen war und womit wir glaubwürdig punkten konnten." Unter dem Strich kamen so eine ganze Menge Dienstleistungen zusammen, die der Bank auch jenseits des Zinsgeschäfts jene Einnahmen sicherten, für deren Anerkennung Johannes Berens schließlich in den Aufsichtsrat der WGZ-Bank berufen wurde.

Und dass er damit seinen Kunden und „seiner" Bank einen großen Dienst erwiesen hat, beweist der Erfolg, den die Bank bis heute hat: Vor kurzem fusionierte sie mit der Volksbank Wipperfürth-Lindlar eG zur neuen Volksbank Berg eG und kommt nun als neues Unternehmen mit 220 Mitarbeitern und 50.000 Kunden auf eine Bilanzsumme von rund 1,1 Milliarden Euro. Aber auch ganz persönlich profitiert Johannes Berens heute von der Art und Weise, wie er die Bank rund 20 Jahre als Vorstandsmitglied geführt hat. Denn wenn er heute zurückdenkt, gibt es keine Entscheidung, die er im Nachhinein bereuen würde. „Ich habe mich bei meiner Arbeit persönlich nie verstellen oder gar gegen meine eigenen Wertgrundsätze handeln müssen. Was ich als Bank-Chef getan habe, habe ich immer auch als Mensch getan. Das ist ein sehr schönes Gefühl", sagt Berens und er weiß: Das kann noch lange nicht jeder Ex-Banker von sich behaupten!

Ökologie, Service und Mitarbeiter unter einem Hut
Das Car-Sharing-Unternehmen Cambio

Wer einen Termin bei der Geschäftsführung von cambio CarSharing in Köln hat, trifft seine Gesprächspartner in einem kahlen Raum, dem um ein Haar wahrscheinlich selbst die beiden winzigen Fenster gefehlt hätten, die jetzt für spärliches Tageslicht sorgen. Man sieht: Sie wurden nachträglich hier eingebaut, gerade so groß bzw. klein, wie es die Statik zuließ. Tief und schmal ist der Raum, die seitlichen Wände weiß gestrichen, an der Stirnwand gegenüber der Tür eine weiße Tafel, darauf Notizen in rotem Eddingstift. Der externe Besucher kann sich daraus den Verlauf einer Teamsitzung rekonstruieren: „Wer macht was bis wann?"

Am Tisch in der Mitte stehen vier Stühle, zu trinken gibt es Tee und Wasser. Thomas Ross (55), der als Geschäftsführer für die Finanzen zuständig ist, wird begleitet von Tanya Bullmann, die sich seit 2009 um Marketing und Strategie kümmert. Außer den beiden gehören noch zwei weitere Mitglieder zur Geschäftsleitung. Denn Teamarbeit ist Teil der Identität bei den Carsharing-Pionieren. „Als wir anfingen, war das Auto noch unbestrittenes Statussymbol", erinnert sich Thomas Ross. „Auf die eigenen vier Räder zu verzichten, stattdessen ein Auto je nach Bedarf zu mieten und es mit anderen zu teilen – das war damals nur für wenige eine Option."

Damals – das war 1992. Es gab zwei Autos an einer Station in Köln-Ehrenfeld, den Schlüssel dazu musste man telefonisch vorbestellen, er war in einem Holzkasten hinterlegt. Der Name des jungen Unternehmens, das damals noch nicht Start-up genannt wurde, war Programm: „StattAuto Köln GmbH". Bis heute hat sich an diesem Programm nichts geändert: „Bei uns geht es nach wie vor darum, die Autos aus der Stadt rauszukriegen. Wir wollen mehr Platz für Fahrräder und Fußgänger, mehr Grün und weniger Beton. Das ist der Sinn, wenn sich mehrere Personen ein Auto teilen", erklärt Tanya Bullmann. Und kommt damit auf ihr Lieblingsthema zu sprechen: den Unterschied zwischen „stationsbasierten" und „frei flotierenden" Carsharing-Modellen.

Während die Kunden bei Letzteren den Individualismus schätzen, der darin zum Ausdruck kommt, dass sie ihre Leihautos überall abstellen können, schätzen die cambio-Kunden Verbundenheit und Verbindlichkeit, die im System der festen Parkplätze stecken. „Unsere Kunden bilden auch heute noch eine ideelle Gemeinschaft. Sie wollen nicht nur einen praktischen Service nutzen, sondern auch einen aktiveren Beitrag zu nachhaltiger Mobilität leisten."

Schließlich handelt es sich bei den cambio-Autos nicht um irgendwelche Fahrzeuge. In allen vier Leistungsklassen werden vielmehr diejenigen Fabrikate bevorzugt, deren ökologischer Fußabdruck besser ist als der von anderen. So emittiert der am häufigsten nachgefragte Fiesta nur 87 Gramm Kohlendioxid pro Kilometer. Die seit 2012 ebenfalls erhältlichen Elektromobile – mittlerweile 32 an der Zahl – werden mit Strom aufgeladen, der zu 100 Prozent aus erneuerbaren Quellen stammt, und nach dem Diesel-Skandal ersetzt cambio die Selbstzünder nach und nach durch Benziner, die deutlich weniger Rußpartikel von sich geben.

Hinzu kommt die von Anfang an verfolgte Strategie, das Autofahren mit den ÖPNV zu verbinden. Seit 1997 gibt es besondere Angebote für Abonnenten der KVB, seit 2015 sind die Servicecenter der Kölner Verkehrsbetriebe gleichzeitig cambio-Vertriebsstellen. Wer ein E-Ticket für Straßenbahn und Co. nutzt, kann damit zugleich auch sein cambio-Auto öffnen, zahlt keine Anmeldegebühr und erhält obendrein zehn Prozent Rabatt auf den Zeitpreis der Automiete. „Das ist unser Beitrag zur Vernetzung der Verkehrsträger. Auf diese Weise wird das Auto immer öfter nur noch für diejenigen Strecken genutzt, die mit öffentlichen Verkehrsmitteln oder dem Fahrrad gar nicht oder schlecht erreichbar sind", erläutert Tanya Bullmann.

Und selbst für cambio-Autos, die nicht fahren, versuchen die Macher eine möglichst gemeinwohlverträgliche Lösung zu finden: Wann immer möglich, stehen die Mietautos nicht auf öffentlichen Parkplätzen, sondern in Hinterhöfen oder Parkgaragen. „Wir wollen Parkplätze ausdrücklich nicht umsonst von den Städten und Gemeinden bekommen, in denen wir aktiv sind. Die Nutzung einer öffentlichen Ressource wie

Grund und Boden für private Belange sollte nicht un-
entgeltlich sein", sagt ausgerechnet der Finanzchef,
der sich in anderen Unternehmen wohl eher um das
genaue Gegenteil bemühen würde.

Aber die Zahl am unteren rechten Rand der betriebs-
wirtschaftlichen Auswertung ist für das cambio-
Management nur eine von mehreren Stellgrößen. „Sicher müssen und wollen auch wir darauf achten, dass
unser Geschäft einen Gewinn macht. Das ist aber kein
Selbstzweck, sondern Mittel zum Zweck." Und dieser
Zweck ist ein doppelter: Zum einen soll das Unternehmen einen Beitrag dazu leisten, das Leben insbesondere in den Städten (aber nicht nur dort) lebens-
werter und nachhaltiger auszurichten. Zum anderen
sollen die Menschen, die für cambio arbeiten, dort
einen sicheren, auskömmlichen und mit ihren Bedürfnissen gut vereinbaren Arbeitsplatz haben.

Und in der Tat müssen Thomas Ross und Tanya Bullmann lange nachdenken, wenn man sie danach fragt,
wann zuletzt ein Mitarbeiter das Unternehmen verlassen hat. Genau vier Mal war dies in den zurückliegenden fünf Jahren im Kernteam der Fall, wobei es jeweils
äußere Gründe wie etwa Umzüge waren, die zur Tren-
nung führten. Ansonsten gilt: Wer einmal bei cambio
arbeitet, bleibt. Und das, obwohl die Gehälter eher
unterhalb dessen liegen, was in Unternehmen ver-
gleichbarer Größe gezahlt wird. Auch einen Betriebsrat oder andere institutionalisierte Arbeitnehmerpro-
gramme gibt es nicht.

Stattdessen herrschen die ungeschriebenen Regeln einer lebens- und alltagsfreundlichen Mitarbeiterkultur: Elternzeit wird sowohl von Frauen als auch von Männern in Anspruch genommen, wer ein krankes Kind oder pflegebedürftige Eltern zu Hause hat, hat die Möglichkeit, von zu Hause zu arbeiten oder Zeit anzusparen. Für einen Verständnisausgleich zwischen den Abteilungen sorgt eine Einarbeitung mit Rotationssystem: „Mitarbeiter aus dem Controlling oder aus dem Marketing arbeiten auch mal eine Zeit lang im Flottenmanagement, und das heißt auf gut deutsch: beim Autowaschen und in der Kfz-Werkstatt", berichtet Tanya Bullmann. „Das hat den erfreulichen Effekt, dass die betreffenden Fachleute später weniger leicht dazu verführt werden, Kostensenkungs- oder Marketingprogramme aufzulegen, die an den Realitäten anderer Geschäftsbereiche vorbeigehen."

Bei cambio sollen möglichst alle das Ganze des Unternehmens und insbesondere den Vorteil des Kunden im Blick behalten. Dafür gehen sie dann auch mitunter die berühmte „Extra-Meile". Zum Beispiel im vorletzten Sommer: Der Neunsitzerbus, mit dem ein Kunde in den Urlaub fahren wollte, war zum vereinbarten Zeitpunkt noch außerplanmäßig unterwegs. Andere Kunden waren damit Hunderte Kilometer von Köln entfernt stecken geblieben. Was also tun, um die schon vor langer Zeit gebuchte Urlaubsreise des Kunden doch noch möglich zu machen? „Ich habe rumtelefoniert und bei cambio in Wuppertal noch ein Fahrzeug der gesuchten Art ausfindig gemacht", erzählt Thomas

Ross. „Gemeinsam mit einem Mitarbeiter habe ich mich noch am Abend ins Auto gesetzt und den Transporter nach Köln geholt. Die Familie konnte am nächsten Tag wie geplant in den Urlaub starten."

Gedankt wird derartige Servicequalität bei gleichzeitig ökologischer Ausrichtung nicht nur durch Auszeichnungen wie den „Fairnesspreis des Deutschen Instituts für Servicequalität" (2015) oder die Nominierung zum Deutschen Nachhaltigkeitspreis (2015), sondern vor allem durch hohe Kundentreue. Denn auch für die Nutzer gilt: Wer einmal bei cambio ist, bleibt in der Regel. Diejenigen, die cambio verlassen, tun dies meist, weil sich Lebensumstände ändern, etwa weil sie von der neuen Firma einen Dienstwagen nutzen oder sie wegen der Familie ins Umland ziehen. Aber: Attraktiv ist cambio nicht nur für diejenigen, die schon dabei sind, sondern auch für neue Kunden. cambio ist eine Wachstumsstory: Allein im Bereich der Kölner Niederlassung – also in der Region Köln, Hürth und Bonn – sind derzeit über 23.000 Menschen mit cambio-Autos unterwegs – vor einem Jahr waren es 16 Prozent weniger, im Gründungsjahr 1992 waren es lediglich 10. Und während damals nur zwei Autos bereitstanden, umfasst die Flotte heute 600 Fahrzeuge an 129 Standorten. Auch bundesweit, wo cambio in 21 Städten mit weiteren 366 Stationen vertreten ist, bestätigt sich dieser Trend: Die Zahl der Fahrzeuge stieg innerhalb von zehn Jahren auf 1.640 und die der Kunden auf 72.000.

Allerdings: Auch einige Wachstumsdellen hatte das Unternehmen in der Zwischenzeit zu verzeichnen. Anfang der 2000er-Jahre etwa waren die Investitionen, insbesondere in neue Fahrzeuge, immer wieder mal den Einnahmen davongefahren. Aber auch in diesen Phasen, erinnert sich Thomas Ross, hat sich die Solidar-Kultur innerhalb des Kölner Unternehmens bewährt: Sowohl die Mitarbeiter als auch die Geschäftsführung nahmen Kürzungen bei ihren Gehältern hin, um die Verluste in Grenzen zu halten. „Später dann, als die Geschäfte wieder besser liefen, haben wir das Geld zurückgezahlt."

Gegen die Stärken und Vorteile, die aus einem solchen System resultieren, kann offenbar auch die starke Konkurrenz der neuen Carsharing-Unternehmen wenig ausrichten. Ganz im Gegenteil: „Das Aufkommen zunächst von Flinkster, dann von Car to go und Drive Now hat unser Geschäft beflügelt", erzählt Tanya Bullmann. Sowohl die Bahn als auch die hinter den beiden anderen Unternehmen stehenden Automobilhersteller bzw. -verleiher sorgten mit ihren enormen Marketing- und Werbebudgets dafür, dass das Thema Carsharing aus einem Nischendasein hinaus- und ins allgemeine Bewusstsein hineingefunden hat. Davon hat auch cambio profitiert.

„Heute", sagen die beiden Geschäftsleiter aus Köln, „sind viele unserer Kunden sowohl bei uns als auch bei den anderen Anbietern registriert und nutzen so die Vorteile beider Systeme." Insgesamt aber stellen die

Carsharing-Pioniere fest, dass ein vermeintlicher Nachteil ihres eigenen Systems von vielen als Vorteil erlebt wird: „Die Rückgabestationen sorgen ganz offenbar auch für Sicherheit. Man muss eben nicht mehr mehrere Runden um den Block drehen, um einen Parkplatz zu suchen, während die Gebühren-Uhr im Minutentakt tickt. Stattdessen hat man einen festen, garantierten Parkplatz – das entstresst!" Oder, wie man auch sagen könnte: Verbindlichkeit macht das Leben leichter.

Erfolgreich mit Selbstverantwortung und fairem Lohn
Der Spediteur Andreas Helmer

Im Speditionsgeschäft wird mit harten Bandagen gekämpft: Immer muss es schnell gehen, immer muss improvisiert werden, und immer gibt es irgendwo irgendjemanden, der den Job billiger erledigt. Die Folge: Transportketten und Logistiksysteme werden permanent optimiert, Zeitpläne immer weiter gestrafft, und wenn der Druck bei den letzten Gliedern im System angekommen ist, wird er am härtesten: Fast jeder fünfte Unfall mit Lkw-Beteiligung ist auf die Übermüdung des Fahrers zurückzuführen und rund 40 Prozent der Lkw-Fahrer arbeiten pro Woche bis zu 80 Stunden – nicht selten für weit weniger als den Mindestlohn. Würden sie davon auch noch Steuern und Sozialabgaben abführen, bliebe ihnen und ihren Familien so gut wie nichts mehr übrig, um davon leben zu können. Deshalb fahren viele lieber gleich schwarz oder verdingen sich als Schein-Selbstständige. Verantwortlich dafür ist zum einen das Tarifaufhebungsgesetz von 1994, das den Logistikmarkt dereguliert hat: Anstelle EU-weit festgelegter Preise pro Sendung herrscht seitdem der freie Markt. Die Folge ist ein System von Sub- und Sub-Sub-Lieferanten, die sich untereinander gnadenlos Konkurrenz machen und aus Tarifverträgen wo immer möglich aussteigen. Von 100 Euro, die ein Produzent an Großspediteure wie die Deutsche Post-Tochter DHL zahlt, um bestellte Neuware zum Kunden zu bringen, landen 60 Euro bei der nächstkleineren Verteiler-Spedition, die wiederum den Transport zu den lokalen Speditionen besorgt, die dann tatsächlich bis zur Haustür liefern und dafür vielleicht noch 30 oder 40 Euro erhalten. Und wie es in Zukunft um die bisherigen Arbeitsplätze bestellt sein wird, wenn selbstfahrende Lkw den Langstreckentransport übernehmen und unbemannte Drohnen an der Haustür vorfliegen, kann man derzeit nur ahnen. Fest steht lediglich: Die Logistikbranche mit ihren 50.000 Speditionen und 450.000 Lkw-Fahrern wird von der Digitalisierung als eine der ersten und besonders nachhaltig betroffen sein.

Mitten in diesem hochdynamischen Geschehen, das sich wie ein Strudel im Wasserglas immer schneller zu drehen scheint, sitzt Andreas Helmer (54), lächelt gelassen und sagt: „Dass man in diesem Geschäft nicht reich werden kann, ist ohnehin klar. Also lasse ich es." Sein gesamtes Erwachsenenleben hat er in der Welt des Lagerns und Lieferns verbracht. „Ich bin als Speditionskaufmann geboren", sagt er. Schon sein Vater betreute bei der Kölner Schokoladenfabrik Stollwerck den Fuhrpark, inklusive des zugehörigen Werkstattregals voller Ersatzteile – Benzinpumpen, Vergaser, Zündkerzen. „Manchmal hat er mich mitgenommen und ich durfte das alles sortieren. Das hat mir riesige Freude gemacht", erinnert sich Helmer.

Heute gehören zur Kölner Unternehmensgruppe Helmer-Logistik rund 2.500 Quadratmeter Lagerfläche, nur dass dort nicht die Ersatzteile für Lkw-Fuhrparks lagern, sondern vor allem Möbel. Es sind Einzelstücke wie Sofas, Stühle und Schränke aus angesehenen Möbelhäusern, aber auch ganze Küchen, die von Helmers Leuten an Privathaushalte ausgeliefert werden. Insgesamt 26 Mitarbeiter beschäftigt er in seinen vier Unternehmensbereichen Möbel-Auslieferung, Küchentransport, Lager-Logistik und Umzugsservice. Und alle sind fest angestellt – mit unbefristeten Arbeitsverträgen. Jeder Bereich hat seinen eigenen Betriebsleiter und in den kleinen Teams herrscht eine familiäre Atmosphäre. Alle kennen sich und organisieren ihre Arbeitsabläufe im Großen und Ganzen selbst. Darauf vor allem legt Helmer Wert: „Wenn die Mitarbeiter Eigenverantwortung übernehmen, muss nicht jede Kleinigkeit organisiert und überwacht werden. Auch das verschlankt die Abläufe und sorgt dafür, dass ein Betrieb effizient arbeitet", sagt er. Voraussetzung dafür freilich ist, dass die Beschäftigten grundsätzlich zufrieden sind. „Denn nur wer zufriedene Mitarbeiter hat, hat auch zufriedene Kunden. Und nur wer zufriedene Kunden hat, hat auf Dauer Erfolg." Um diese Rundum-Zufriedenheit zu erreichen, hat sich Helmer schon früh entschieden den vermeintlichen Sachzwängen im Speditionsgewerbe widersetzt. Als er vor einigen Jahren zunächst selbst als Subunternehmer in die Selbstständigkeit startete, rieten ihm einige Auftraggeber: „Unterschreib doch einfach hier, dass du deine Leute normal bezahlst, mehr will doch keiner sehen." Aber die Einladung zur verdeckten Schwarzanstellung von Fahrern oder Packern lehnte er ab. „Wenn ich das unterschreibe, dann mache ich das auch so." Er habe es einfach auf die ehrliche Tour schaffen wollen.

Mittlerweile sieht es ganz so aus, als sei sein Vorhaben geglückt. Neben dem Prinzip Selbstverantwortung setzt Helmer vor allem auf faire Bezahlung. Je nach Dauer der Betriebszugehörigkeit und Aufgabe zahlt er bis zu 16 Euro pro Stunde, in jedem Fall aber mehr als die 11,50 Euro, die der Tarifvertrag für Speditionsmitarbeiter der Lohngruppe 2 vorsieht. „Wenn hier ein Vollzeitmitarbeiter mit 1.100 Euro netto nach Hause gehen würde, wie das bei einigen Mitbewerbern der Fall ist – wie sollte der denn davon leben können? Und wie könnte der jemals zufrieden sein, wenn er als Familienvater daheim dauernd Ärger hat, weil es vorne und hinten nicht reicht?" Seien die Leute hingegen zufrieden, erledigten sie auch ihre Arbeit ordentlich und setzten sich für den Betrieb ein.

Durchschnittlich fünf Jahre bleiben Beschäftigte bei Helmer, manche auch deutlich länger. Sogar Rückkehrer hat es schon gegeben. „Die haben es mal woanders versucht, aber haben gemerkt, dass die Bedingungen bei uns besser sind", erzählt Helmer, der sich sicher ist, dass derzeit keiner seiner Angestellten freiwillig den Arbeitgeber wechseln würde – auch nicht für 300 Euro mehr. Denn wer die braucht, weiß, dass er den Chef jederzeit ansprechen kann – oder der Chef selbst ein Auge darauf hat. So wie im Falle seines Mitarbeiters Hendrik vor einigen Monaten. Er fiel Helmer auf, weil er sich freiwillig für Extradienste am Samstag meldete – eine Idee, die dem Speditionskaufmann allerdings gar nicht gefiel. „Wer nach fünf Tagen harter Arbeit auch noch am Samstag schwere Möbel schleppt, geht nach einiger Zeit auf dem Zahnfleisch", erklärt er.

Anstelle des Raubbaus an seiner Gesundheit schlug Helmer für Hendrik deshalb eine Alternative vor: Die 200 Euro, die er im Monat mehr verdienen wollte, konnte er sich an den Samstagen mit einem Job dazuverdienen, der sich vergleichsweise leicht erledigen ließ, zugleich aber das Geschäft des Unternehmens wieder ein Stück erweiterte. Im Lager eines Kunden wurde jemand gesucht, der Abholmöbel an Endkunden herausgibt. Dafür muss Hendrik zwar viele Stunden in dem Lager anwesend sein, hat aber keinen Stress. „Bezahlt wird das alles natürlich von meinem Gewinn", räumt Andreas Helmer ein, aber der habe durchaus keine Priorität. „Ich weiß natürlich, unter welche Schwelle die Erträge nicht fallen dürfen, wenn unsere Existenz gesichert bleiben soll", sagt er. „Aber mir geht es nicht darum, den Gewinn Jahr für Jahr zu steigern oder oberhalb einer ganz bestimmten Schwelle zu halten." Lieber sorgt er dafür, dass die Mitarbeiter etwas mehr verdienen, denn das so investierte Geld fließt am Ende wieder zurück – zum Beispiel, weil sich Mitarbeiter beim Umzugskunden besondere Mühe geben und mehr machen als Dienst nach Vorschrift. Sie wissen: Wer umzieht, wer sich von alten Möbeln trennt oder neue in Empfang nimmt, der erlebt eine Veränderung seiner unmittelbaren Umgebung, die nicht immer leicht fällt. Mit der puren Ablieferung oder dem Abtransport von Möbeln ist es da oft nicht getan. Nicht selten muss der Standort fürs Sofa erst gefunden werden, müssen andere Möbel in der Wohnung umgeräumt werden, damit sich der Kunde wohlfühlt, wenn die Umzugshelfer von Helmer die Wohnung wieder verlassen. Wenn das allerdings gelingt, dann – so zeigt die Erfahrung – melden sich die betreffenden Kunden auch beim nächsten Mal wieder, wenn es etwas zu transportieren gibt oder wieder mal ein neues Möbelstück montiert werden muss. Auf diese Weise entsteht ein treuer Kundenstamm, der Helmer eine hohe Auslastung garantiert. Und meist nimmt die Zahl der Aufträge noch von Jahr zu Jahr zu. Auch neue Ideen kommen ständig hinzu, oft entstanden aus Gesprächen mit den Mitarbeitern. Seit Neuestem etwa übernimmt Helmer in einem Teil seines Lagers auch die Aufbewahrung von Möbelstücken und rundet damit die Angebotspalette für seine Kunden weiter ab.

Aber geht denn tatsächlich alles immer nur bergauf im Geschäftsleben von Andreas Helmer? Keineswegs. Gleich zu Beginn seiner Selbstständigkeit holten ihn einige Verpflichtungen aus Altlasten ein und er musste sogar Insolvenz anmelden. Aber auch das hat ihn und seine ersten Mitarbeiter nur enger aneinander gebunden. „Der Insolvenzverwalter hat den Leuten bestätigt: Der Laden ist substanziell in Ordnung. Wenn ihr jetzt an Bord bleibt, dann zahlt sich das schon bald aus." Genauso kam es zwar, aber wäre Andreas Helmer heute nicht schon viel weiter, wenn er weniger großzügig und konsequenter auf seinen Vorteil als Unternehmer bedacht wäre? Auch darüber lacht der schlanke, agile Mann wieder: Ja, das könnte natürlich sein, sagt er, und dass er sicher auch schon ausgenutzt worden sei. „Aber damit muss ich leben." Wollte er das Risiko völlig ausschließen und seine gesamte Art der Personalführung an der Möglichkeit des Missbrauchs ausrichten, würde er nicht nur die vertrauensvolle Grundstimmung in der Belegschaft ruinieren, er müsste auch sich selbst ändern. „Das wäre dann aber nicht mehr ich", sagt er und jeder versteht sofort: Das ist keine Option!

Wohlfühl-Philosophie für Gäste und Mitarbeiter
Das Hostel Köln

Man könnte sich Elmar (49) und Nicole Nyhuis (45) auch in einer US-amerikanischen Metropole vorstellen. Pragmatisch sind sie, Selfmade-Leute, schlank, sportlich, erfolgreich. Der schmale Mann spricht schnell, weil er auch schnell denkt, läuft in seiner Freizeit Marathons. Seine Ehefrau ist konzentriert, hört zu und antwortet auf Fragen so präzise, dass sich Nachfragen erübrigen. Das blonde Haar hat sie zum Zopf gebunden, weil es so am wenigsten stört. Das, was die beiden heute beruflich machen, haben sie nicht gelernt, es sei denn, man erkennt die Schule des Lebens als Ausbildungsstätte an, was in Deutschland noch immer unüblich ist – eine Tatsache, für die Elmar und Nicole Nyhuis nur ein kurzes Kopfschütteln übrig haben und die sie auch als Arbeitgeber weitgehend ignorieren. Nur acht ihrer insgesamt 46 Mitarbeiterinnen und Mitarbeiter können eine abgeschlossene Ausbildung vorweisen. Und das, obwohl jeder von ihnen eine Menge können muss im Hostel Köln mit seinen 72 Zimmern und 258 Betten.

Elmar Nyhuis wird diese Mitarbeiter später mit den tragenden Säulen und Streben eines Fachwerkhauses vergleichen, ohne die die gesamte Konstruktion des außergewöhnlichen Betriebs einsturzgefährdet wäre. Dass ihm ausgerechnet dieser Vergleich einfällt, kann damit zu tun haben, dass er selbst vom Land kommt, vom niedersächsischen Land, wo er 1970 geboren wird

– als eines von 12 Kindern. Sein Vater betreibt in Damme eine Drechslerei: gewundene Holzbeine für Tische, aber auch Holzkugeln, die dafür sorgen, dass sich schwerfällige TV-Sessel über Wohnzimmerteppiche rollen lassen. „Wir machen alles, was rund ist", sagt der Vater, ein Mann, der den Kindern kein Taschengeld zahlt, sondern ihnen einen Job in der Fabrik anbietet, wenn sie Geld brauchen.

Für seinen Sohn Elmar ist die Schlosserlehre vorgesehen. Pflichtschuldig bringt er die Sache zu Ende, arbeitet auch in der Drechslerei mit, aber er spürt: Da ist noch mehr. Die Begeisterung für die Leichtathletik, die Leidenschaft für die Bühne und die Lust am Reisen – eine Gemengelage, die ihn in den Tourismus führt, genauer: zum Club Robinson, damals die internationale Top-Adresse für gehobenen Animations- und Cluburlaub mit Anti-Langeweile-Garantie. „Ich habe mich noch nie irgendwo beworben. Ich bin da einfach hingegangen", erzählt Nyhuis heute von seinem ersten Robinson-Engagement auf Mallorca als Rezeptionist und Reiseleiter, Animateur und Schauspieler. „Im Club mussten damals alle alles machen. Alle duzten sich, und wenn der Chef auf dem Weg ein liegen gebliebenes Papier entdeckte, musste er es aufheben oder riskieren, dass ihn später ein Mitarbeiter vor versammelter Mannschaft zur Rede stellte", erinnert sich Nyhuis, der im Hostel Köln zwischenzeitlich ganz ähnliche Regeln installiert hat und damals seinen Robinson-Chef mit einem gekonnten Playback-Auftritt bei der Club-eigenen Abendshow überzeugte.

Dass er natürlich für eine erkrankte Kollegin einspringen und noch am selben Abend den Part der Wirtin in *Les Misérables* gerne übernehmen könne, bot der drahtige Niedersachse damals an – eine Idee, die seinem Chef angesichts der üppigen Oberweite dieser weiblichen Figur eher abwegig vorkam. Und überhaupt: „Wie willst du denn, bitte schön, das Playback hinkriegen, wenn du den Text nicht kennst?" „Marmelade, Schokolade", antwortete Nyhuis. Spricht man die beiden Wörter in ständigem Wechsel und im Rhythmus des Liedes, sieht es echt aus, erklärte er dem Chef.

Nach der Show saß Nyhuis fest im Sattel. Es folgten fünf Jahre Robinson und 1999, in der Schweiz, die Begegnung mit seiner heutigen Frau, damals ebenfalls Mitarbeiterin im Robinson-Club. Gemeinsam machten der gelernte Schlosser und die Robinson-Rezeptionistin große Pläne: Wie bringt man das Robinson-Erfolgsgeheimnis in die Stadt, ohne dabei auch das vergleichsweise elitäre Luxus-Prinzip der Robinsons nachzuahmen? Die beiden verstanden: Was den Club erfolgreich gemacht hat, sind nicht die teuren Golfkurse und die hochpreisigen Gäste-Events. „Das Geheimnis steckte in der Kommunikation", sagen die Eheleute. „Da wurden auch Top-Manager, die mit ihrer Familie kamen, beim Vornamen angesprochen. Es herrschte eine Form von Gleichheit, die Nähe und Respekt zugleich zuließ."

Dieses Wohlfühlmoment wollten Elmar und Nicole auch in ihrem neuen Projekt realisieren und machten sich an die Arbeit – immer nach dem Prinzip „Marmelade, Schokolade". Also einfach mal losgehen – und dann im Laufen weiterlernen. Das Ergebnis jedenfalls ist verblüffend. Denn wer heute die Lobby des Hostels Köln im Zentrum der Domstadt betritt, der findet sich auf den ersten Blick eher in einem Hotel als in einem Hostel wieder: großzügige Lobby und eine Rezeptionstheke, die bis vor kurzem die längste in der ganzen Stadt war. Dahinter stehen adrett gekleidete Mitarbeiterinnen und Mitarbeiter, die Namensschilder mit Vornamen tragen. „Wir duzen unsere Gäste zwar zunächst nicht", erklärt Nyhuis den Hintersinn der Schilder, „aber das Signal der Vornamen wirkt in den meisten Fällen. Schon beim dritten oder vierten Satz sind wir beim Du." Und das gilt für alle Gäste gleichermaßen. Denn: Auch unter Messebesuchern hat sich das Hostel Köln als Top-Adresse herumgesprochen. Wenn sich etwa zur Gastro- und Ernährungsmesse Anuga 120.000 Messebesucher um 30.000 Hotelbetten streiten, dann steht auch bei Elmar und Nicole Nyhuis das Reservierungstelefon nicht mehr still.

Möglich wird das durch das einzigartige Konzept, das die beiden in Köln realisiert haben: Neben den Hostelüblichen Etagenbetten gibt es auf den Zimmern immer auch herkömmliche Betten, die je nach Bedarf als Einzel- oder Doppelbett genutzt werden können. Produziert sind sie aus massivem Holz, sodass sie einen britischen Junggesellenabend ebenso aushalten wie die

Beanspruchung durch eine Schulklasse. Und so kommt es, dass sich im Hostel Köln nicht nur die Welt trifft, sondern auch die Welten begegnen. Internationale Rucksack-Touristen, Studierende und Familien treffen hier auf Business-People mit teurem Rimowa-Koffer. 400 Mal war einer von ihnen schon zu Gast im Hostel Köln. Der ehemalige Projektleiter hat in seiner Firma inzwischen Karriere gemacht, 5.000 Mitarbeiter berichten an ihn. Aber ins Luxushotel zieht er trotzdem nicht um. Als er seine dreihundertste Nacht buchte, hat Elmar Nyhuis bei der Assistentin nachgefragt, womit man dem Stammgast eine echte Freude machen könnte, und erfuhr: Ein Original-Trikot des Fußballvereins Borussia Dortmund wäre für den eingefleischten Fußfallfan genau das Richtige. Wie richtig sie lag, zeigte sich beim Einchecken zur Jubiläumsübernachtung, als an der Rezeption die Tränen flossen. „Wir freuen uns, wenn sich Menschen hier wohlfühlen und zueinanderfinden", sagen Elmar und Nicole Nyhuis, die deshalb auch behindertengerechte Zimmer anbieten und zuweilen ganze Mannschaften aus dem Behindertensport unterbringen.

Sogar Geflüchtete machen im Hostel Köln ihre ersten Schritte in ein neues Leben. „Im Vorfeld haben wir unseren Mitarbeitern ganz klar gesagt: Sollte sich da tatsächlich mal ein Gast beschweren, dann muss der Beschwerdeführer seine Koffer packen. Die Flüchtlinge bleiben", erzählt Nicole Nyhuis. Keine Sekunde haben ihr Mann und sie gezögert, als eines Tages die Flüchtlingsbeauftragte der Stadt an der Rezeption auftauchte und nach zwei Betten „nur für ein paar Tage" fragte. Schon bald wurde klar: Mit den zwei Betten und den paar Tagen wird es nicht getan sein. Von sich aus boten die beiden an, zum Selbstkostenpreis ein bestimmtes Kontingent von Zimmern für Geflüchtete zu reservieren, solange das eben notwendig ist. Seitdem haben fast 20 Menschen aus dem Nahen Osten und aus Afrika im Hostel Köln eine erste Heimat gefunden – und nicht nur das. „Wir leisten hier auch praktische Sozialarbeit", erzählt Nicole Nyhuis. „Unsere Mitarbeiter wecken schon mal den ein oder anderen, wenn der Termin für den Deutschkurs ansteht. Und am Frühstücksbuffet bietet sich die Chance, Essgewohnheiten oder hiesige Umgangsformen einzuüben."

Das Ergebnis: Als die ersten Ex-Flüchtlinge das Hostel wieder verließen, weil sie zwischenzeitlich eine Wohnung oder auch eine Ausbildungsstelle gefunden hatten, flossen auch da die Tränen – bei den Neuankömmlingen, aber auch bei den Mitarbeitern, unter denen sich ebenfalls drei Geflüchtete befinden. Einer von ihnen, der im Sommer 2017 sogar eine Ausbildung zum Hotelfachmann begonnen hat, arbeitete vorher als Mitglied der Housekeeping-Gruppe. Bevor das achtköpfige Damen-Team die Zimmer auf Vordermann bringt, räumte er alles aus dem Weg, was entweder in den Müll oder in die Wäsche gehört – eine Idee, die es in anderen Hotels nur selten gibt und die sich im Hostel aus der Praxis des Teams heraus entwickelt hat, in dem mittlerweile 14 Nationen vertreten sind. Wo externe Service-Dienstleister sonst häufig im Akkord arbeiten müssen – maximal 20 Minuten pro Zimmer –, wo sie bis zu 16 Stunden am Tag unterwegs sind, weil sie von einem Zeitarbeitsunternehmen durch die halbe Republik geschickt werden, wo der Mindestlohn de facto um ein Vielfaches unterschritten wird, da haben sich Elmar und Nicole Nyhuis gemeinsam mit den in Teilzeit fest angestellten Reinigungsdamen ein eigenes System ausgedacht. Diese bestimmen selbst, wer welche Aufgaben übernimmt und ob ein Zimmer von nur einer Mitarbeiterin gereinigt wird oder von zweien. Und siehe da: Im selbstbestimmten Rhythmus arbeitet das Team schneller und besser, als das unter der 20-Minuten-Vorgabe möglich wäre. Und: Die Zufriedenheit ist weitaus höher. Alle im Team wissen: Wenn wir fertig sind, geht's nach Hause – ganz gleich, ob die Uhr schon 13:00 Uhr zeigt oder nicht. Und das zählt viel für die Reinigungsdamen, die meist auch Mütter sind und ab mittags ihre Kinder versorgen müssen.

Sie wissen die „elternfreundlichen Arbeitszeiten" zu schätzen, die Familie Nyhuis in der Stellenausschreibung angeboten hatte und die auch strikt eingehalten werden. Im Housekeeping, aber auch in allen anderen Bereichen des Unternehmens bis hin zu den Studentenjobs werden sie dafür mit einer für die Branche ungewöhnlichen Mitarbeiter-Loyalität belohnt. „Die meisten sind schon mehrere Jahre bei uns an Bord", sagt Nicole Nyhuis und erzählt von einer ehemaligen Studentin, die schon längst einen festen Job als Lehrerin hat. „Trotzdem kommt sie immer wieder her, um eine Schicht an der Rezeption zu übernehmen. Ich bin doch hier zu Hause, sagt sie."

Schneller als geplant hat sich die Investition in das Hostel Köln bezahlt gemacht. Bis vor einigen Jahren wurde der Betrieb auf der Buchungsplattform Booking.com als das erfolgreichste Zwei-Sterne-Haus der Welt geführt, und von Anfang an schreibt das Hostel mit Hotelcharakter schwarze Zahlen. Immer wieder werden Elmar und Nicole Nyhuis deshalb von Branchenbeobachtern gefragt, wie sie das schaffen – bei Bettenpreisen ab 28 Euro (für Schulklassen), bei kostenlosem WLAN und Frühstück inklusive. Und: Wie sie das schaffen trotz ihrer Großzügigkeit. „Nicht trotz – wegen", antwortet Elmar Nyhuis dann, denn davon ist er überzeugt: Der Erfolg kommt nicht zu denen, die hinter jedem Cent her sind und das mathematische Optimierungspotenzial einer Organisation ausschöpfen. Der Erfolg kommt zu jenen, die konsequent von den Bedürfnissen der Menschen aus denken und neben dem eigenen auch immer den Vorteil der anderen im Auge haben.

Aber auch das ließe sich doch noch größer denken? Nach demselben Erfolgsrezept könnten Elmar und Nicole Nyhuis doch noch weitere Hostels in anderen Messestädten eröffnen, in Frankfurt vielleicht, aber auch in London oder in Amsterdam, möglicherweise sogar in New York. Zutrauen würde man es ihnen – zumal ihre Webadresse nicht auf „.de", sondern auf „.ag" endet – ein Scherz am Rande, der bei vielen

Kunden die Fantasie aufkommen lässt, es handle sich um eine global operierende Aktiengesellschaft. Doch bei dem Gedanken müssen beide lächeln: Ja, theoretisch wäre das denkbar. Praktisch aber wissen die rheinischen Unternehmer: „Das alles hängt schon an den Personen." Und damit meinen sie sich selbst. „Wir nehmen uns sehr viel Zeit dafür, unsere Mitarbeiter auszusuchen, wir arbeiten in allen Bereichen des Hostels immer wieder selbst, um zu sehen, was sich weiter verbessern lässt und was geändert muss. Und auch rund um die Geflüchteten gibt es so viel zu tun – da hätten wir gar keine Zeit, dasselbe auch noch in Frankfurt oder anderswo auf die Beine zu stellen." Und wenn man von Nicole Nyhuis wissen will, was sie denn antreibt, wenn es nicht das im Kapitalismus angeblich unvermeidbare Streben nach Wachstum ist, dann sagt sie in ihrer knappen und präzisen Art: „Dass wir etwas tun, was Sinn ergibt."

Sozial und ökologisch nach kapitalistischen Regeln
Die Regionalwert AG

Für Bauer Albrecht (Hardy) Burgmer aus Lindlar kam die rettende Idee aus dem Süden Deutschlands. Genau wie dem 64-jährigen Landwirt aus Nordrhein-Westfalen brannten engagierten Bio-Bauern auch dort zwei Fragen unter den Nägeln, von denen sich die eine nicht ohne die andere beantworten lässt: Wie kann man eine wirklich ökologische, soziale und regionale Landwirtschaft so organisieren, dass sie sich auch wirtschaftlich rechnet, und wer führt den eigenen Hof auch dann weiter in diese Richtung, wenn man selbst dazu aus Alters- oder Gesundheitsgründen nicht mehr in der Lage ist? Gerade für die kleinen und vielfältigen Betriebe findet sich häufig weder innerhalb noch außerhalb der eigenen Familie jemand, der die Leitung und Verantwortung für das „Unternehmen Landwirtschaft" tragen will.

Üppige Gewinnaussichten sind in dieser Branche nicht zu erwarten: Viele Landwirte erzielen trotz ihres hohen Arbeitseinsatzes, trotz Zuständigkeit rund um die Uhr und trotz des Verzichts auf Urlaub oder sonstigen Luxus gerade mal einen Überschuss, der für ein bescheidenes Einkommen reicht. Im Wirtschaftsjahr 2016/2017 erwirtschafteten Landwirte im Durchschnitt 3.200 Euro brutto pro Monat – Geld, von dem dann aber auch noch Neuinvestitionen und Versicherungen finanziert werden müssen. Damit die Höfe dennoch nicht unter den Hammer kommen und vielfältige regional-ökologische Betriebe weitergeführt werden können, haben sich die Öko-Bauern in Freiburg vor rund 20 Jahren eine besondere Lösung einfallen lassen. Sie verbindet zwei Welten miteinander, die gemeinhin nur wenig miteinander zu tun haben: die Welt der sozial-ökologischen Landwirtschaft und die Welt des Kapitalismus.

Der Kerngedanke: Es wird eine (nicht börsennotierte) Aktiengesellschaft nach dem deutschen Aktiengesetz gegründet und alle, die in ökologischen und regionalen Landbau investieren wollen, können Anteile kaufen. Damit wechselt ein Hof ganz oder teilweise den Besitzer. Der bisherige Bauer kann (muss aber nicht) Teile seiner anstrengenden Tätigkeit aufgeben, erhält jedoch weiterhin ein Gehalt und zudem – bezahlt mit dem Geld der Anteilseigner – wertvolle Unterstützung bei der nachhaltigen Optimierung seines Betriebs. Denn: Wer neben Bio-Qualität weitere Leistungen wie regenerative Energie, samenfeste Sorten, Naturschutz, Tierwohl und regionalen Vertrieb mit kurzen Wegen anbieten will, der muss erheblichen Extra-Aufwand betreiben.

Um wirklich nachhaltig zu wirtschaften, braucht man den Zugriff auf eine durchweg ökologisch und nach sozialen Maßstäben ausgerichtete Lieferkette, die am besten vom Saatgut über das Futter und die Verarbeitung bis zum Verkauf reicht. Eine solche geschlossene Lieferkette nach den eigenen strengen Standards erschafft man idealerweise in Zusammenarbeit mit Partnern, die neben weltanschaulichen Positionen auch ein gemeinsames Eigentumsinteresse verbindet. Und wenn sie dann noch aus derselben Region kommen, ist außerdem sichergestellt, dass Kunden im Laden Produkte aus der eigenen Nachbarschaft kaufen können, die nicht erst um die halbe Welt geflogen wurden. Gleichzeitig bleibt auch das Geld in der Region und fließt nicht an Konzerne, die vor Ort keine oder nur geringe Steuern zahlen.

Genau diesem Konzept hat sich die 2002 in Freiburg gegründete Regionalwert AG verschrieben. Ebenso wie in Freiburg, wo sich mittlerweile mehr als 30 ökologische Betriebe der regionalen Produktionsgemeinschaft angeschlossen haben, haben sich im Rheinland Bauer Albrecht Burgmer und zehn weitere Betriebe zusammengetan. „Wir sind eine Bürgeraktiengesellschaft, die regionale Biobetriebe durch finanzielle Beteiligungen und regelmäßige Treffen zu einem Partnernetzwerk zusammenführt. Bürger und Bürgerinnen beteiligen sich durch den Kauf von Aktien an der nachhaltigen Entwicklung der Region", heißt es kurz und knapp auf der Internetseite der AG.

Allerdings: „Ganz so einfach, wie es in der Theorie klingt, ist es in der Praxis nicht", weiß Dorle Gothe zu berichten. Die 47-Jährige hat ökologischen Landbau und nachhaltige Regionalentwicklung in Kassel studiert und ist seit der Gründung 2016 Vorstand der Regionalwert AG Rheinland. Zwar ist die erste Million durch Aktienverkäufe an 234 Anteilseigner schon fast erreicht, aber eine Dividende hat bisher noch keiner von ihnen erhalten. „Und das wird auch noch eine Weile dauern, denn die Beteiligungen zu organisieren braucht Zeit", prognostiziert Dorle Gothe, wohlwissend, dass eine solche Aussage in der Welt der börsennotierten Aktiengesellschaften schnell zu existenzbedrohenden Kursabschlägen führen würde.

„Unsere Anteilseigner sind in erster Linie von der Sache selbst überzeugt. Sie wollen regional erzeugte gute Lebensmittel von Landwirten, die vernünftig mit Mensch, Tier und Umwelt umgehen, auch hier im Laden kaufen können. Sie verstehen den Mehrwert durch gute Arbeitsplätze, Ressourcenschutz und Erhalt regionaler Wirtschaftskreisläufe für die Region als Gewinn – für sich selbst sowie für alle beteiligten Partner. Der eigene schnelle Profit steht hier an zweiter Stelle, hier geht es um eine Investition in die Zukunft folgender Generationen", erklärt sie den Unterschied zur Welt des ganz großen Geldes. Auch ohne die Aussicht auf kurzfristige Renditen kauften allein 36 ökologisch gesinnte Bürgerinnen und Bürger aus dem Rheinland für insgesamt 226.000 Euro Aktien im Wert von 500 Euro pro Stück. Und: zahlten überdies einen Aufpreis von bis zu 100 Euro pro Aktie, mit dessen Hilfe die Regionalwert AG ihre Aktivitäten – etwa für Marketing und Werbung – bezahlt.

Denn auch bei der Regionalwert AG wird kapitalistisch gedacht und gehandelt, nur viel langfristiger gedacht. „Ich habe einen Teil meiner Kindheit auf dem ökologischen Selbstversorger-Hof meines Vaters zugebracht. Das ist ausgesprochen energieeffizient und nachhaltig und hat viel Spaß gemacht, aber ich wollte diese Form der Landwirtschaft immer auch in größerem Stil für eine ganze Region umgesetzt wissen, damit sie tatsächlich etwas für Klimaschutz, Tierwohl und Ernährungssouveränität bewegen kann", erinnert sich die auf ökologischen Landbau spezialisierte Agraringenieurin. Dazu braucht es einen funktionierenden Markt mit Angebot und Nachfrage, aber auch eine faire Berechnung der Preise. „Volkswirtschaftlich gesehen leisten wir uns eine sehr kostspielige, intensive Landwirtschaft. Viele Kosten der intensiven Produktionsweise wie die Grundwasserreinigung und Gesundheitsschäden werden von der Allgemeinheit getragen, die in regional-ökologischer Landwirtschaft in dieser Höhe oder zum Teil auch gar nicht entstehen würden", so Dorle Gothe.

Das Wachstum des regionalen Öko-Markts haben die Bio-BWLer derzeit im Visier: zum einen auf Seiten der Anteilseigner, denn natürlich kann das Netzwerk-System umso feinmaschiger und umso größer gestrickt werden, je mehr Menschen ihr eigenes Geld in die Gesellschaft stecken. Durch die gezielte und persönliche Ansprache potenzieller Aktienkäufer, aber auch durch klassische Werbung und Öffentlichkeitsarbeit macht die „Öko AG" deshalb laufend auf sich aufmerksam. Zum anderen sind Dorle Gothe und ihre Mitstreiter immer auf der Suche nach weiteren Betrieben, an denen sich die Regionalwert AG beteiligen könnte: „In vier bis fünf Jahren wollen wir im Netzwerk so gut aufgestellt sein, dass wir eine Dividende auszahlen können", prognostiziert Dorle Gothe. Doch der „Gewinn mit Sinn" ist vor allem, dass es regionale Verarbeitung und Vermarktung noch gibt. Denn vieles ist in den letzten zehn Jahren verloren gegangen. Schlachthäuser, Metzger, Mühlen – viele Erzeuger haben ihre Betriebe längst aufgegeben. Von den 55.000 Bäckereien, die es Anfang der 1950er-Jahre zum Beispiel in Deutschland gab, sind heute nur noch rund 11.000 vorhanden – und jeden Tag schließen weitere ein bis zwei Bäckereien für immer.

Entscheidend wird dabei sein, dass die Beteiligungen neben den Höfen auch möglichst viele und möglichst rentable Betriebe umfassen, die zur angestrebten geschlossenen Wertschöpfungskette gehören, also vor allem auch Läden oder Cafés, wo die Produkte von den Regionalwert-Höfen mit Gewinn verkauft werden. Ebenso gefragt sind kreative Lösungen rund um die Idee der nachhaltigen Ernährung wie beispielsweise die mobile Metzgerei, die im Laufe des Jahres 2018 auf den Weg gebracht wurde. Weil die Vorschriften für Schlachtbetriebe in der EU in den zurückliegenden Jahren immer strenger wurden, wurden neben städtischen Schlachthöfen in Köln, Bonn und Düsseldorf auch zahlreiche kleinere Metzgereien geschlossen. Den Bauern fehlen dadurch die Möglichkeiten, ihre Tiere vor Ort schlachten zu lassen. Damit sie nicht weit fahren müssen oder auf die Großschlachthöfe ausweichen müssen, hat die Regionalwert AG den Metzgerei-

Betrieb Bio-Fleischerei Müller aus Leverkusen ins Boot geholt: „Metzger Jörg Müller unterstützt uns bei der Umsetzung des mobilen Konzepts. Der mobile Metzger fährt mit einem mobilen Schlachtbetrieb auf einem Lkw von Hof zu Hof, um die Schlachtungen gleich dort vorzunehmen", erklärt Dorle Gothe. „Das erspart den Tieren lange Transporte und den Kunden die Stresshormone im Fleisch." Gleichzeitig freut sich Metzger Jörg Müller über das zusätzliche Geschäft und kann einen Teil seines Gewinns an die Regionalwert AG abführen.

Nach diesem Muster sollen zukünftig auch Restaurants, Gärtnereien oder Käsereien zur Regionalwert AG gehören und ihren Teil zum wirtschaftlichen Gedeihen der noch jungen Geschäftsidee beitragen. Dabei wissen die Macher der Regionalwert AG genau: Gelingen kann das alles nur, wenn die Endkunden all dieser Betriebe bereit und in der Lage sind, für die ökologisch und regional erzeugten Lebensmittel mehr Geld zu bezahlen als für vergleichbare Produkte im Supermarkt. Denn: Ohne „echte" Preise, bei denen die Kunden auch für den Natur- und Ressourcenverbrauch aufkommen, der mit der Herstellung, aber auch mit Transport, Vertrieb und Entsorgung verbunden ist, können ökologisch einwandfreie Lebensmittel nicht angeboten werden.

Diesem Stolperstein im Konzept begegnet Dorle Gothe mit Entschlossenheit: „Wer hätte in den 1980er-Jahren, am Beginn der ökologischen Bewegung, geglaubt, dass es einmal ganze Supermarktketten geben würde, die ihr Geld mit Bio-Produkten verdienen?", fragt sie bei entsprechenden Einwänden zurück. Und sie weiß: „Heute kauft die Hälfte der Deutschen regelmäßig Bio-Produkte." Das zeigt: Manchmal bestimmt eben auch das Angebot die Nachfrage. „Jetzt müssen regionale Strukturen gesichert werden, und es ist Zeit, dass wir es selbst in die Hand nehmen!" Bringt erst einmal jemand den Stein ins Rollen, kann aus einer bescheidenen Keimzelle ein blühendes Geschäft entstehen – eine Perspektive, die auch die Macher der Regionalwert AG optimistisch stimmt.

Neue Arbeit neben alten Villen
Die sozialistische Selbsthilfe Mülheim (SSM)

Kann man eigentlich als überzeugter Sozialist zugleich Unternehmer sein? Kommt darauf an! Und zwar darauf, was man unter einem Unternehmer oder einem Unternehmen versteht. Rainer Kippe (76) nimmt diese Begriffe seit jeher wörtlich und wollte schon immer etwas unternehmen – gegen Ungerechtigkeit, gegen die Ausbeutung von Arbeitskraft zum einseitigen Vorteil anderer und vor allem gegen das Leid derjenigen, für die der effizienzorientierte Kapitalismus keinen Platz, keine Zeit und häufig auch kein Mitleid hat.

Ende der 1960er-Jahre – Rainer Kippe studierte gerade an der Uni Köln, sofern er nicht gerade im Sozialistischen Deutschen Studentenbund (SDS) mit den Genossen diskutierte – waren solche Menschen zum Beispiel heimat- und obdachlose Jugendliche aus ganz Deutschland, die in Köln und Umgebung gestrandet waren, abgehauen und geflüchtet vor schlagenden Eltern oder gewalttätigem Heimpersonal, später auch die aus Strafanstalten und sogenannten Nervenheilanstalten Entkommenen. „Die mussten ja irgendwo hin und irgendwo bleiben können", sagt Kippe, wenn er an die Anfänge dessen zurückdenkt, was man heute ein Unternehmen nennen könnte. Es trägt den Namen SSM – kurz für „Sozialistische Selbsthilfe Mülheim (SSM)", gegründet 1979.

Die derzeit rund 30 Männer und Frauen starke Gruppe ist in Köln seit Jahren eine Institution unter den Umzugsfirmen und Wohnungsentrümplern. Früher aber stand die Abkürzung für „Sozialpädagogische Sondermaßnahme". Und besonders war die Pädagogik dieser Tage im Fahrwasser der 68er-Bewegung tatsächlich: Denn was Rainer Kippe und seine Mitstreiter im Schilde führten, war selbst den revolutionären Studenten des SDS zu revolutionär. Nicht allein die arbeitende Klasse sollte nämlich dem Sozialismus zum Sieg verhelfen, sondern auch – vielleicht sogar vor allem – jene Menschen, die bei den Sonderpädagogen und Sozialarbeitern Aufnahme fanden: die vom „System" Verstoßenen und Verletzten, die radikalen Systemverweigerer, die Wütenden und Verzweifelten.

Beim SSM nahm man sich ihrer und ihrer Geschichte(n) an, aber auch die Verfolgung der Täter auf. Dem langjährigen Leiter einer psychiatrischen Anstalt in der Nähe von Köln etwa konnten die Leute vom SSM die Misshandlung zahlreicher Jugendlicher nachweisen und schließlich seine Entlassung bewirken. Um den Opfern und all den anderen Gestrandeten ein Dach über dem Kopf, Kleidung und Essen anbieten zu können, besetzten die sozialistischen Aktivisten nicht nur leerstehende Häuser. Sie begannen auch schon früh damit, die notwendigen Mittel zum einen auf dem Weg öffentlicher Förderung, vor allem aber durch eigene Arbeit zu verdienen.

Und auf diesen beiden Säulen steht das Konzept des SSM bis heute: So haben die Behörden der Stadt mittlerweile verstanden, dass der SSM beispielsweise im Kampf gegen die Obdachlosigkeit ein wichtiger Verbündeter ist, und unterstützten deshalb den Bau einer Möbel- und Kleiderkammer mit drei angeschlossenen Wohneinheiten auf dem SSM-Gelände. Die Aktivisten wiederum verpflichteten sich, den Bau in Eigenarbeit auf die Beine zu stellen. „Auf diese Weise", sagt Rainer Kippe, „kann sich menschenwürdige Arbeit für die Gesellschaft sogar rechnen: Wenn wir zum Beispiel drei Obdachlose in einem unserer Projekte unterbringen, dann spart die Stadt viel Geld. Denn das, was wir von der Stadt für ein Projekt bekommen, ist weniger als das, was die Stadt ansonsten für diese Obdachlosen ausgeben müsste." Man merkt dem Mann mit der grauen Mähne dabei an, dass er „die Offiziellen" zwar mittlerweile als Geschäftspartner respektiert, aber noch immer nicht als seine Freunde versteht.

Freunde sind vielmehr diejenigen, die rund um den Beton-Neubau in Bauwagen und alten Wohnanhängern ihr Zuhause gefunden haben und die zusammen das arbeitende Kollektiv bilden. Nur wenige Schritte vom Rheinufer entfernt, und ironischerweise auch nur wenige Schritte von den Villen entfernt, die sich im frühen 19. Jahrhundert hier die ersten Industriekapitalisten errichteten, haben sie mitten im Kapitalismus eine sozialistische Enklave eingerichtet. Männer und Frauen zwischen 16 und 60 leben nach der Maxime der marxistischen Schule: „Jeder nach seinen Fähigkeiten, jedem nach seinen Bedürfnissen.“

Reich kann man hier nicht werden, denn die SSMler streben ausdrücklich nicht mehr an, als man zum Leben braucht: Essen, Kleidung, eine heizbare Bleibe und eine Handvoll guter Freunde. Es ist das Konzept einer Grundsicherung, allerdings ohne dafür die Hilfe des Staates in Anspruch zu nehmen. „Hartz IV zu beziehen ist bei uns sogar verboten“, erklärt Rainer Kippe das Konzept. „Wir wollen, dass die Leute auf eigenen Füßen stehen.“

Außerdem wollen sie bei der SSM ein lebendiges Gegenmodell sein. Denn Wachstumszwang und Gewinnstreben, davon sind die Mitglieder des Kollektivs überzeugt, führen über kurz oder lang zu sozialen und ökologischen Problemen, die die Gesellschaft an den Rand des Ruins treiben werden. Um das zu verhindern, braucht es ihrer Meinung nach mehr als nur ein paar korrigierende Maßnahmen wie etwa die Mülltrennung oder die Alimentierung von Arbeitslosen, Behinderten und anderen Randgruppen durch staatliche Unterstützung. Stattdessen werde ein völlig anderes System gebraucht. Und wie dieses System funktionieren könnte, wollen die SSMler mit ihrem nun schon fast 40 Jahre währenden Großversuch demonstrieren.

Im Zentrum steht dabei die Verwertung dessen, was die Mehrheitsgesellschaft wegschmeißt – seien es die Möbel aus Omas Wohnung oder ein komplettes Haus, das der Vermieter verkommen lässt. Schon der Einzug in die ehemalige Schnapsfabrik in Mülheim vor fast 40 Jahren setzte diesen Ton der Nachhaltigkeit. Statt der Abrissbirne kamen die SSMler und brachten die alte Halle wieder auf Vordermann. Als dann auch ein Lkw zur Verfügung stand, konnte es losgehen mit dem Umzugs- und Entrümpelungsgeschäft. Der Erlös, den die SSMler mit Wohnungsauflösungen oder Umzügen erwirtschaften, fließt selbstredend in die Gemeinschaftskasse, aus der alle SSMler dasselbe Taschengeld beziehen. Das gilt auch für die Einnahmen aus dem Verkauf des Hausrats oder anderen Quellen. Wie die Mittel darüber hinaus eingesetzt werden, bestimmt weder ein Chef im Alleingang noch ein dafür gewähltes Gremium. Stattdessen gilt die Devise: Was alle betrifft, können auch nur alle lösen. Jeden Tag treffen sich die SSMler deshalb zur Besprechung, einmal in der Woche auch zur großen Wochensitzung. Und das kann dann schon mal ein paar Stunden dauern, denn hier wird so lange diskutiert, gestritten und argumentiert, bis eine Lösung gefunden sind, mit der alle leben können.

Wichtig dabei sind aber nicht nur die Themen rund um die unmittelbare Erwerbsarbeit, die das Geld reinbringt. Großen Wert legen die SSMler vielmehr auch auf das Thema Selbstversorgung. Denn das ist kennzeichnend für ihr Konzept der „neuen Arbeit“. Dazu zählen sie neben der Erwerbsarbeit im Umzugswagen oder im Möbelladen eben auch alles andere, „was der Gruppe wichtig ist“, wie Rainer Kippe betont. „Wir halten unsere Wohnungen selber instand und sägen das Holz selbst, das wir zum Heizen brauchen. Und ich persönlich käme auch gar nicht auf die Idee, mir in irgendeinem Kaufhaus neue Klamotten zu kaufen. Alles, was ich trage, kommt aus den Sammlungen, die wir selber durchgeführt haben." Außerdem gehört zur „Selbstversorgung" auch die Betreuung der Kinder, das Kehren des Hofs oder die Reinigung der Toiletten, die reihum jeder mal übernehmen muss. Überhaupt muss und soll niemand die ganze Woche über (oder gar länger) dasselbe machen. Job-Rotation ist im Konzept der „Neuen Arbeit" unverzichtbar – aber auch manchmal schwierig. Denn natürlich kann nicht jeder alles. Wenn etwa jemand – als gelernter Automechaniker – die regelmäßige Wartung des Umzugs-Lkw gut erledigt, dann kommt es eben doch schon mal vor, dass er längere Zeit auf dieser Arbeit „kleben bleibt" – zum einen, weil es so für alle das Beste ist, aber auch, weil derjenige am Schrauben und Reparieren mehr Freude hat als am Putzen.

Erst wenn einer von den Putzern auch mal ans Auto möchte oder der Automechaniker seinerseits genug hat vom Kampf gegen Rost und Kolbenfraß und lieber in die Gartenpflege wechseln will, wird es mitunter schwierig bei den Sitzungen in der ehemaligen Schnapsfabrik. Dann müssen die SSMler beweisen, dass in ihrer Selbstorganisation auch die Weiterbildung funktioniert: Den Job als Automechaniker etwa übernahm vor einigen Jahren nach etlichem Hin und Her ein ehemaliger Speditionsfahrer, der sich in seinem alten Betrieb aber nie um die Technik der Lkw kümmern musste. Zwar hatte er anfangs seine Zweifel, ob er dem neuen Job gewachsen sein würde. Aber die akribische Einarbeitung durch seinen Vorgänger und die Unterstützung von anderen in der Gruppe, die seinen Mut honorierten, hat geholfen. Der Lkw von damals jedenfalls hat bis vor kurzem funktioniert. Derzeit wird ein neuer händeringend gesucht – Spenden dafür sind herzlich willkommen!

Der Ton macht den Unterschied
Der Event-Techniker Titus Kempe

Schon Reinhard Mey, der bürgerlichste der deutschen Liedermacher, hat die Szene beschrieben: Da steht der große Rockstar auf der bunt beleuchteten Bühne, inszeniert von hundert Effekten, Gitarre und Stimme elektronisch verstärkt, und plötzlich ist der Strom weg. Es wird dunkel auf der Bühne und totenstill in den Mega-Lautsprechern, die eben noch sein johlendes Publikum beschallt haben. Jetzt zeigt sich, ob der gefeierte Bühnenheld sein Publikum auch a cappella unterhalten kann – mit einem guten „Stück Musik, von Hand gemacht", wie Reinhard Mey singt.

Wendet man das Horrorszenario ins Positive, dann bedeutet es: Ohne die Technik und ohne jene, die sie kompetent bedienen, kann auch der größte Rockstar einpacken. Erfolg ist immer auch das Talent der anderen. Titus Kempe ist einer dieser anderen, einer der Menschen im Hintergrund, die nur für einen kurzen Moment mit unserem Applaus bedacht werden, wenn vorne auf der Bühne gegen Ende der Vorstellung ihre Namen erwähnt werden. Aber das stört den noch sehr jungen Mann nicht im Geringsten. Ganze 18 Jahre ist er erst alt, aber dass er der Mann im Hintergrund werden will, der, der an den Schalthebeln und -knöpfen dreht, Herr über Hell und Dunkel, über Laut und Leise – das weiß er schon heute.

Und beim Wissen belässt er es nicht. Titus Kempe betreibt neben der Schule, in der er „ganz gut" ist, schon jetzt sein eigenes Gewerbe: ein Ein-Mann-Unternehmen im Bereich Event-Technik. „Your Sound" heißt es, und der erwachsene Beobachter fragt sich verwundert: Geht so etwas überhaupt? Ist Kinderarbeit nicht verboten in Deutschland? „Im Prinzip schon", sagt Titus, „aber wenn die Eltern zustimmen, wenn man weiter regelmäßig zur Schule geht und da auch nicht schlechter wird, dann kriegt man auf Antrag beim Amtsgericht einen Gewerbeschein." Den hat er jetzt schon seit über einem Jahr, denn irgendwann war klar, dass seine Aktivitäten nicht mehr bloß als Hobby durchgehen. Zuerst waren es nur ein Laptop und eine spezielle Software zur Aussteuerung von Musik, mit denen er auf den Partys seiner Mitschüler auftauchte. Dann aber buchten ihn auch Freunde der Freunde, es gab die ersten Honorare, und schon bald war genug Geld für weitere Investitionen in der Kasse.

„Fast alles, was ich einnehme, fließt wieder zurück ins Geschäft", erklärt der junge Kaufmann, dessen Eltern ganz anderen Berufen nachgehen. Evangelische Jugendleiterin ist die Mutter, der Vater arbeitet als Weinbauingenieur. Titus aber nennt schon heute diverse Mischpulte, viele Meter Traversen – also Gerüste für Lampen und Lautsprecher – sowie diverse Lautsprecher und eine Lichtanlage sein Eigen. Um das angesammelte Equipment von A nach B zu transportieren, reicht ein normaler Pkw längst nicht mehr aus: Mischpult, Verstärker, Boxen, Lampen und mehrere

Kilometer Kabel kutschiert stattdessen ein Freund, der
schon 18 Jahre alt und im Besitz eines Führerscheins
ist, per Kastenwagen zu seinen Terminen. Zwei bis drei
sind es derzeit noch pro Monat: Sommerfeste zum
Beispiel, auf denen Titus die komplette Bühne aufbaut,
die Kölner Ferienfreizeit HöVi-Land, wo er über drei
Wochen für Teile der Outdoor-Beschallung sorgt, oder,
sein bislang größter Auftrag, das Weihnachtskonzert
2016 in St. Agnes, nach dem Dom die größte Kirche in
Köln. 2.500 Menschen haben dort Weihnachtslieder
gehört, die eine extra für dieses Event zusammenge-
stellte Band aufgeführt hat – in tadelloser Akustik,
denn die besonderen Gegebenheiten in einem Got-
teshaus haben den Ehrgeiz des 16-Jährigen geweckt.
Dabei setzt der Newcomer häufig auf den Rat erfahre-
ner Berufskollegen: „Ich kann zwar das ein oder andere auch im Internet rauskriegen, aber Meinungen und
Hinweise von Personen, die ich kenne, sind mir wichtiger", sagt er.

Und weil das so ist, herrscht an entsprechenden Kon-
takten auch kein Mangel. Die meisten Kollegen, denen
Titus Fragen stellt oder die er um Unterstützung bittet,
helfen ihm gerne. Neid oder Missgunst hat er bisher
noch nicht erlebt, eher im Gegenteil: Die Event-
Spezialisten, darunter gestandene Geschäftsführer aus
der Branche, freuen sich über das Engagement des 16-
Jährigen für den Beruf. Der ein oder andere hat auch
schon festgestellt, dass er sich auf Titus verlassen kann,
wenn mal kurzfristig jemand gesucht wird, der ein-
springt oder das eigene Team unterstützt. Vielleicht

hat auch schon mal jemand mit dem Gedanken gespielt, dass eines Tages umgekehrt ein Schuh daraus werden könnte: Wenn Titus es schafft und sein eigenes Unternehmen aufbaut, dann braucht er später auch selber mal Unterstützung von erfahrenen Profis, die dann vielleicht ihrerseits kürzer treten und nur noch gelegentlich in ihrem alten Job arbeiten wollen.

Denn so viel steht fest: Titus Kempe will „sein eigenes Ding" auf die Beine stellen, ein Unternehmen aufbauen, wie es heute diejenigen haben, bei denen er sich Rat holt. Darauf hat er all seine Pläne abgestellt: Wenn es mit den Aufträgen so weitergeht, will er an der Gesamtschule in Köln-Mülheim zwar noch sein Abitur machen, danach aber weder mit einer Ausbildung noch mit einem Studium weitere Zeit verlieren.

„Ich bin jemand, der eher groß denkt", sagt er, ohne dabei unbescheiden zu wirken. Wahrscheinlich stimmt es ganz einfach und Titus weiß bereits recht genau, mit wem er es bei sich selbst zu tun hat – und mit wem nicht. Ein klassischer Arbeitnehmer etwa ist er wohl nicht. Wäre er es, hätten ihn seine bisherigen Praktika in Event-Unternehmen möglicherweise auf die Idee gebracht, dort später einmal eine Festanstellung anzustreben. Aber das wäre für Titus nicht dasselbe. „Ich möchte lieber unabhängig sein und selbst etwas schaffen. Was mich fasziniert, ist der Gedanke: Da ist erst einmal so gut wie nichts, und dann – eines Tages – steht da eine große Firma mit vielen Mitarbeitern und tollen Kunden."

In dieser Firma sieht er sich selbst als Chef zwar hinter dem eigenen Schreibtisch mit drei Computermonitoren sitzen. Platziert werden soll der Schreibtisch aber in einem Büro, das möglichst nah am Lager sein sollte. Der direkte Kontakt zur Technik ist für Titus wichtig. Auch der schönste Schreibtisch könnte ihm nicht das Mischpult ersetzen – ein Möbel, für das er schon seit Jahren schwärmt: Die grandiose Vielfalt von Knöpfen, Schiebern und Reglern verspricht endlose Möglichkeiten der Kombination und der Einflussnahme auf das Geschehen. Stundenlang kann er sich darin versenken, genauso wie er für den Klang und das Design der Lautsprecher schwärmt oder den silbernen Glanz der großen Klinkenstecker.

Aber auch das bürokratische Zubehör eines Unternehmerlebens schreckt ihn nicht ab: Schon heute schreibt er seine Rechnungen und macht die Steuererklärung fürs Finanzamt selbst – auch wenn dabei die Eltern am Ende noch unterschreiben müssen. Der Papierkram, sagt Titus, gehört eben dazu – genauso wie Akquise, Vertrieb und irgendwann sicher auch einmal die Personalsuche und Personalführung. 50 bis 60 Mitarbeiter will er später in seinem Unternehmen beschäftigen – wenn es sich ergibt, auch mehr. Sogar über den Umgang mit diesen Mitarbeitern hat er schon nachgedacht: Einen Betriebsrat soll es geben, damit er einen klaren Ansprechpartner hat, wenn es darum geht, die Interessen von Unternehmer und Mitarbeitern zum Ausgleich zu bringen. Davon, dass ihm das in der Regel gelingen wird, ist Titus überzeugt, vorausgesetzt die Mitarbeiter teilen seine Leidenschaft für das Event-Geschäft. Denn neben dem unternehmerischen Drang, etwas Neues zu schaffen, ist diese Leidenschaft der wichtigste Antrieb für den jungen Gründer: aus einem Event ein echtes Erlebnis zu machen. „Am Anfang", sagt Titus, „hat man ja nur eine leere Halle oder eine Wiese. Erst die Event-Technik macht daraus den eigentlichen Veranstaltungsraum. Man arbeitet oft tagelang, um mit Hilfe von Lampen, Lautsprechern und kilometerweise Kabel einen normalen Ort in einen besonderen Ort zu verwandeln. Wenn es dann so weit ist, wenn das Licht im Saal ausgeht, auf der Bühne der erste Akkord gespielt wird und viele hundert Menschen ihre Freude daran haben – das ist doch einfach großartig!"

Grüne Häuser „von der Stange"
Der Fertighaushersteller Viebrock

Wer für den Fertighaushersteller Viebrock arbeitet, der kann schon mal dem Chef im Bus begegnen. Diese Erfahrung jedenfalls machten 23 neue „Viebrocker", die 2018 ihre Ausbildung im Unternehmen begannen. Für ein Einführungs-Event waren sie im Juni an den Unternehmenssitz nach Harsefeld in Niedersachsen gekommen. Innerhalb von drei Tagen besichtigten sie verschiedene Baustellen und Musterhausparks, lösten kniffelige Rätsel in Teamarbeit – und erhielten bei einer Stadtrundfahrt einen Eindruck von der Gemeinde Harsefeld. Mit an Bord war dabei einer der beiden jungen Chefs des mittelständischen Unternehmens. Dirk Viebrock ließ es sich nicht nehmen, die Nachwuchskräfte im Unternehmen persönlich zu begrüßen und sie auf ihre neuen Aufgaben einzustimmen.

Sein Credo: Wer die besten Mitarbeiter für das eigene Unternehmen gewinnen will, der muss sich eben etwas einfallen lassen. Und das gilt gerade dann, wenn – wie in der Bauwirtschaft – ein Mangel an Fachkräften besteht. Bei der Suche nach neuen Mitarbeiterinnen und Mitarbeitern gibt Viebrockhaus daher zum Beispiel auch Studienaussteigern eine Chance. So bietet das Familienunternehmen Interessierten unter anderem eine einwöchige Potenzialanalyse an. Auf diese Weise können sie herausfinden, ob eine Tätigkeit in der Bauwirtschaft für sie eine Option für die Zukunft ist.

Für Dirk Viebrock sind solche Ansätze notwendig, um die Zukunft des mittelständischen Unternehmens zu sichern – und sie sind zugleich Teil der unternehmerischen Verantwortung. „Wir bemühen uns aktiv um die nachwachsende Generation", sagt Viebrock, der das Unternehmen heute in der dritten Generation gemeinsam mit seinem Bruder Lars führt. „Und wenn es auf beiden Seiten passt, dann erhalten auch Studienaussteiger bei uns eine gute Chance. Schließlich bringen sie häufig Kenntnisse und Fähigkeiten mit, die auch unserem Unternehmen nützen." Insgesamt bildet das Unternehmen jedes Jahr zahlreiche Auszubildende aus – vom Maurer bis zum Bauzeichner, vom IT-Systeminformatiker bis hin zum Bürokaufmann. Und selbst ein dualer Studiengang ist möglich: im Bau- und Immobilienmanagement, Bauen im Bestand oder in Mechatronik.

Viebrockhaus ist aber nicht nur ein Unternehmen mit dem Blick für die Zukunft, sondern auch mit einer mittlerweile über 60-jährigen Geschichte. Gegründet wurde es 1954 von Gustav Viebrock, einem Maurermeister aus Harsefeld und Großvater von Dirk und Lars. In Zeiten, als das Baugeschäft in der Nachkriegszeit boomte, wagte Viebrock den Sprung ins kalte Wasser. Er kaufte den Baubetrieb eines Nachbarn, der sich zur Ruhe setzen wollte. Schnell stellte sich allerdings heraus, dass lukrative Aufträge auf dem flachen Land weit und breit nicht in Sicht waren. In seiner Not suchte Viebrock Zuflucht in der Dorfkirche. Als er danach

nach Hause kam, warteten vor seiner Tür gleich zwei Kunden, die sich von Viebrock ein Haus bauen lassen wollten. „Das", erzählt heute sein Sohn Andreas Viebrock, „war die Initialzündung für den weiteren Erfolg." Bereits 1962 entstand das erste Typenhaus „V1" – ein schlichtes Einfamilienhaus, das aber bei Platzangebot und Bauweise nicht nur die Ansprüche jener zwei ersten Kunden erfüllte, sondern auch die Erwartungen vieler anderer Menschen, die damals von einem eigenen Haus träumten. Und das Angebot kam an: Bereits ein Jahr später beschäftigte Gustav Viebrock knapp 50 Mitarbeiter. Das Konzept des findigen Unternehmens war einfach, aber erfolgreich: „Schlüsselfertig bauen, und zwar zum Festpreis." Individuelle Grundrisse oder gar zusätzliche Anbauten waren dafür allerdings nicht vorgesehen. Auf diese Weise machte Viebrock die Erkenntnisse aus der Massenproduktion als einer der ersten Anbieter überhaupt für den Hausbau nutzbar. Denn was man nur einmal entwirft und dann hundert- oder tausendfach unverändert nachbaut, das ist nicht nur in hohem Maße zuverlässig. Es spart auch Kosten. Alle Lieferanten wissen genau, wie viel von welchem Material an welcher Stelle und wann gebraucht wird. Damit können auch sie gut kalkulieren und große Mengen produzieren, was sich wiederum günstig auf die Preise auswirkt.

Dieses Grundprinzip des Fertighauses gilt bei Viebrockhaus bis heute: Die Preise werden fair kalkuliert und gegenüber den Kunden offen kommuniziert. Vor allem aber gibt es durch das Standard-Verfahren keine versteckten Kosten. Ein Haus kostet am Ende genau das, was von Anfang an auf dem Preisschild stand – ein Faktor, der entscheidend dafür war, dass Viebrockhaus 2018 in der Zeitschrift *Focus Money* von Bauherren zum sechsten Mal in Folge zum „fairsten Anbieter" unter den Massivhausbauern gewählt wurde – bereits zum dritten Mal in Folge sogar zum alleinigen Testsieger. Freuen können sich die Kunden außerdem darüber, dass sie bei Viebrockhaus mittlerweile neben einer modernen Version des V1, die seit einiger Zeit wieder im Programm ist, aus einem Angebot von über 50 verschiedenen Haustypen wählen können, wobei das Wohnflächenangebot von unter 100 bis 270 Quadratmeter reicht. Und auch über Details wie die Ausstattung der Bäder oder die Bodenbeläge können sie individuelle Vereinbarungen treffen. Danach aber hört die Gestaltungsfreiheit nach wie vor auf. „Ein zweistöckiges Wohnhaus in Massivbauweise inklusive modernster Technik ist, wenn es bezahlbar bleiben soll, auch heute noch nur in Standardbauweise machbar", erklärt Andreas Viebrock, der das Unternehmen von seinem Vater 1984 übernahm und 2014 zunächst an seinen Sohn Dirk übergab. Dabei legen die Viebrocks allerdings auf die „moderne Technik" besonderen Wert. Sie macht die aktuellen Viebrock-Häuser nicht nur zu einem gegenseitigen wirtschaftlichen Gewinn für Anbieter und Kunden. Auch die Umwelt profitiert von ihnen. „Denn", sagt Andreas Viebrock, „in unseren aktuellen Häusern gibt es keine Heizkosten mehr. Die fallen vollständig weg, weil alle Objekte komplett energieneutral sind." Möglich wird das durch den serienmäßigen Einsatz besonders leistungsstarker Solarzellen in Kombination mit einem intelligenten Energiemanagementsystem. Es sorgt dafür, dass nicht nur die hauseigene Batterie für die Abend- und Nachtstunden aufgeladen wird, sondern betreibt auch die Wärmepumpe. Öl oder Gas sind deshalb für die Beheizung nicht mehr notwendig.

Wenn der gelernte Maurer und Architekt Andreas Viebrock, der sich auch im „Senat der Wirtschaft" für eine weltweite öko-soziale Marktwirtschaft engagiert, über das Null-Energie-Haus spricht, dann merkt man dem passionierten Reiter an, dass ihm der Naturschutz besonders am Herzen liegt. Beim Kauf eines jeden Viebrockhauses stellt das Unternehmen seit 2015 daher sogar 150 Quadratmeter Regenwald in Panama unter Schutz – mittlerweile sind fast 50 Hektar zusammengekommen. „Den Klimaschutz aktiv voranzutreiben, das ist für mich eine Herzensangelegenheit", sagt Andreas Viebrock. Rechnet man den Klimaschutzbeitrag der Viebrockhäuser und die Aufforstungseffekte zusammen, kann das Unternehmen heute eine nahezu ausgeglichene Klimabilanz vorweisen – und auch den Rest, da ist sich Andreas Viebrock sicher, werden sie noch schaffen.

Und wenn er in diesem Zusammenhang „wir" sagt, dann meint der Niedersachse tatsächlich alle im Unternehmen. Über 900 Mitarbeiter sind es im Moment, die entweder in der Zentrale arbeiten – beheimatet bis heute am Stammsitz in Harsefeld –, in einem der acht Beratungsbüros oder einem der sechs Musterhausparks in Deutschland. In diesen Parks können sich Interessenten alle aktuell angebotenen Modell-Häuser anschauen. Anders als sein Vater noch kann Andreas Viebrock zwar nicht alle diese Mitarbeiter persönlich kennen. Aber die vielen, die er kennt, spricht er mit Vornamen an, denn sie begleiten ihn mitunter seit Jahrzehnten.

„Bei Viebrock wird viel gearbeitet, aber das mit Spaß und kurzen Wegen", berichtet er, während er auf den Ausdruck einer Statistik wartet, die er vor wenigen Minuten per Telefon in der Personalabteilung bestellt hat. In der Zwischenzeit erzählt er noch einmal von seinem Vater, der mit den Mitarbeitern noch gemeinsam in Urlaub gefahren ist: „Der hat dann einen Bus gemietet und ist mit der ganzen Mannschaft für ein oder zwei Wochen in die Berge oder auch mal an die See gefahren – nicht aus Pflichtgefühl, sondern weil es ihm Spaß gemacht hat." So geht es bei Viebrocks heute zwar nicht mehr zu – und zwar nicht nur, weil die Zahl der Mitarbeiter für derartige Veranstaltungen zu hoch geworden ist, sondern auch, weil der patriarchalische Führungsstil der 50er- und 60er-Jahre für die Chefs von heute keine Option mehr ist. „Den Geist dahinter aber, die Fürsorge und Verantwortung für die Mitarbeiter, den vertreten wir immer noch", sagt Andreas Viebrock, während über das Faxgerät die bestellte Statistik eintrudelt. Sie zeigt die Entwicklung der Mitarbeiterzahlen seit der Gründung des Unternehmens. Doch neben den Zahlenkolonnen sind in einigen

Jahren personelle Ereignisse von offenbar besonderer Bedeutung notiert, einzelne Mitarbeiter und ihr Eintrittsdatum ins Unternehmen, runde Jubiläen. Über die Jahre gesehen ist der Trend eindeutig: Es geht fast pausenlos nach oben.

Einen Beitrag dazu leistet aber nicht nur der ökonomische Erfolg, sondern vor allem das Engagement der Viebrocks für möglichst gute Arbeitsbedingungen – um neue Mitarbeiter für das Unternehmen zu gewinnen und die Beschäftigten möglichst lange zu binden. Die Gründung der Viebrock AG zum Beispiel sorgt seit 2017 für möglichst flache Hierarchien. Der fünfköpfige Vorstand besteht neben Dirk Viebrock aus leitenden Mitarbeitern und soll als Ansprechpartner für alle Mitarbeiter dienen, die Kritik äußern möchten oder neue Ideen haben. 2016 hat das Unternehmen zudem eine eigene Betriebskindertagesstätte eröffnet. Auch dass Mitarbeiterinnen und Mitarbeiter flexibel in Teilzeit arbeiten können, ist bei Viebrock längst selbstverständlich. „Ein Job fürs ganze Leben – bei Viebrock ist auch das keine Seltenheit", sagt Andreas Viebrock. Nur 2006, als die staatliche Eigenheimförderung auslief, zeigte die positive Entwicklung des Unternehmens einen kurzen Einbruch. „Damals mussten wir uns vor allem von Franchisepartnern trennen", erinnert sich Andreas Viebrock an die Phase der Neuorientierung des Unternehmens.

Heute machen sie bei Viebrock wieder das meiste alleine und verzichten auf vermeintlich verlockende

Wachstumsaussichten durch eine „Skalierung" des Geschäfts. Und der langjährige Erfolg gibt der Familie recht: Insgesamt hat das Unternehmen in über sechs Jahrzehnten mehr als 31.000 Ein- und Mehrfamilienhäuser gebaut. Selbst höchst verlockende Angebote können die Vorzüge der Kontinuität nicht übertrumpfen, auch nicht in der jüngsten Viebrock-Generation. Im September 2018 haben Dirk und Lars – zwei der drei Söhne von Andreas Viebrock – die gemeinsame Leitung des Unternehmens übernommen. Lars hat mit 23 Jahren gerade sein Studium der Wirtschaftswissenschaften abgeschlossen. Dirk ist 32 Jahre alt und studierter Bauingenieur. Der dritte und älteste Sohn Jan ist – wie es in der Familie gute Tradition hat – gelernter Maurermeister und ebenfalls im Unternehmen beschäftigt.

Dirk Viebrock führte das Tagesgeschäft im Unternehmen – vor dem Einstieg seines jüngeren Bruders – zuvor alleine und wurde als Erstes mit einer Versuchung konfrontiert: Private-Equity-Unternehmer boten ihm einen äußerst attraktiven Millionenbetrag zum Kauf des Viebrock-Unternehmens. Denn: Zusammen mit ähnlich operierenden Anbietern in Europa ließe sich ein Fertighaus-Imperium mit marktbeherrschender Stellung und höchst attraktiven Renditeaussichten formen. Trotzdem mussten damals weder der junge Firmenchef noch sein Vater lange überlegen. Für sie war klar: „Dann können wir zu Hause in Harsefeld nicht mehr auf die Straße gehen." Als Antwort auf zeitgenössische Entwicklungen wie die Globalisierung setzte auch Dirk Viebrock lieber auf unternehmerische Initiative, buchte ein Ticket nach China und besichtigte dort die traditionellen Zelthäuser der Mongolen. Die Fotos, die er seinem Vater davon aufs Smartphone schickte, muteten fremdartig an, aber die Bildunterschrift, die er ergänzte, erinnerte an die Weitsicht und den Pioniergeist des Großvaters: „Damit sollten wir uns mal beschäftigen. Der Bedarf hier ist enorm.“

Nachhaltigkeit in achter Generation
Der Kerzenhersteller Stephan Zimmermann

„Am Lochner-Altar brennt die Kerze nicht." Wenn Stephan Zimmermann eine solche Rückmeldung bekommt, dann steckt dahinter wahrscheinlich ein besonders kritischer, aber auch besonders kenntnisreicher Kunde: ein Küster, oder wie in diesem Fall – eine Küsterin, zudem die Küsterin im Hohen Dom zu Köln! Menschen wie sie, die in der Kirche dafür sorgen, dass sämtliche „Hardware" für den liturgischen Ritus einsatzbereit ist, sind für den 61-jährigen Kerzenhersteller aus Köln-Marsdorf die wichtigsten Ansprechpartner. „Küster und Küsterinnen", sagt er, „sind Menschen, die in einem strengen Rhythmus leben. Und sie haben einen Blick für Details. Wenn eine Kerze, die genau sieben Tage brennen soll, in Wirklichkeit nur sechs Tage brennt, dann fällt denen das auf – ganz egal, in welchem versteckten Winkel der Kirche die Kerze aufgestellt wurde."

Während ein Otto Normalverbraucher seine Teelichter beim Einkauf im schwedischen Möbelhaus beutelweise für 2,50 Euro ersteht und auf Dinge wie Dochtlänge, Brenndauer oder Rauchentwicklung in der Regel kein übermäßig kritisches Auge wirft, kommt es für Küster und Co. auf eben genau diese Qualitätsmerkmale an. Erst recht dürfen in evangelischer und katholischer Liturgie besondere Kerzen wie etwa die Osterkerze keine „Aussetzer" haben. Und weil das so ist, kaufen die Gemeinden und Pfarreien eben nicht im Möbel-

oder Versandhandel, sondern bei Spezialbetrieben, die sich auf ihr Handwerk verstehen. Einer der ältesten dieser Spezialisten ist über 250 Jahre alt, heißt Kerzen Schlösser und wird in achter Generation von Stephan Zimmermann geführt − nach der Eau-de-Cologne-Fabrik „Johann Maria Farina gegenüber dem Jülichs-Platz" das älteste Unternehmen in Köln! 16 fest angestellte Mitarbeiter fertigen im Kölner Stadtteil Marsdorf pro Jahr rund 50.000 Altarkerzen, etwa zwei Millionen Opferkerzen und fünf Millionen Teelichter, aber auch Kerzen für die Gastronomie oder Werbekerzen. Mehr als 80 Prozent aller Kerzen gehen an kirchliche Kunden − der größte Kunde ist nach wie vor der Kölner Dom.

Aber natürlich steht nirgendwo geschrieben, dass ein Geschäftsmodell, das seit 250 Jahren funktioniert, auch kommende Jahrhunderte ohne Weiteres überlebt. Wenn sich Stephan Zimmermann etwa an seinen Vater erinnert, dann muss er schmunzeln. Die alten Bilanzen weisen unten rechts einen Gewinn aus, der − umgerechnet in heutige Währung und Kaufkraft − in etwa dem entspricht, was heute auch der Sohn verdient. Allerdings: „Mein Vater hat mehrere Wochen im Jahr Urlaub gemacht, fuhr regelmäßig zur Kur und engagierte sich obendrein im europäischen Verband der Kerzenhersteller." Das ist für seinen Sohn heute undenkbar. „Um zu demselben Ergebnis zu kommen, muss ich heute deutlich mehr arbeiten", erzählt er, und das hat eben mit der veränderten Konkurrenzsituation zu tun. Denn die Qualität allein würde ihm heute keinen sicheren Stand bei seinen Kunden mehr garantieren. Schließlich geraten auch die unter Kostendruck: Immer mehr Gemeinden und Pfarreien werden zusammengelegt und müssen an allen Ecken und Enden sparen. Nach und nach werden immer mehr Kirchen „umgeweiht", das heißt, sie dienen dann als Wohnhäuser, Restaurants oder Hotels, weil die Zahl der Gläubigen kontinuierlich abnimmt. In diesem Szenario könnten durchaus auch die Pfarrer und Küster versucht sein, ihre Kerzen zum Beispiel im Internet billiger zu bestellen. Wenn es da nicht ein paar Probleme gäbe: Sonderwünsche etwa werden von den Massenherstellern nur dann erfüllt, wenn sehr große Mengen bestellt werden. Und: Wenn es schnell gehen muss, funktioniert der persönliche Service von Stephan Zimmermann noch immer am besten. „Wir verkaufen mittlerweile vor allem deshalb an illustre Kunden wie das Kölner Domkapitel, weil der Verantwortliche mich jederzeit anrufen kann, wenn er dringend neue Kerzen braucht. Und weil er eben weiß: Ich bringe ihm die am nächsten Tag persönlich vorbei." Davon, und davon, dass Zimmermann die Probleme seiner Kunden zu seinen eigenen macht, lebt der Kerzenverkauf der Firma Schlösser. So hatte der Dom etwa vor einiger Zeit ein wachsendes Müllproblem: Die kleinen Plastikschalen für die Opferlichter füllten mittlerweile ganze Container. Die Lösung dafür fand Stephan Zimmermann bei den Alexianern in Köln-Porz. Die große Einrichtung zur Betreuung, Beschäftigung und Integration geistig behinderter Menschen richtete in den eigenen Werkstätten einen Reinigungsservice für die

Plastikbehälter ein, sodass man sie wiederverwenden konnte. Und der nächste logische Schritt folgte auf dem Fuße: „Wenn die Schalen bei den Alexianern schon gereinigt werden, dann kann man sie dort doch auch bestücken", dachte sich Zimmermann und installierte so zusammen mit den Verantwortlichen in Porz eine kleine externe Kerzenproduktion, von der alle profitieren: Das Unternehmen Schlösser, weil durch die Auslagerung im Betrieb die Abläufe effizienter wurden, die behinderten Menschen bei den Alexianern, weil sie einer Arbeit nachgehen konnten, die sie im Rahmen ihrer Möglichkeiten förderte, und das Domkapitel, weil es das Problem des wachsenden Müllbergs gelöst hatte.

Ganz ähnlich bewährte sich der individuelle Service auch bei einem großen „weltlichen" Kunden. Ein Luxushotel suchte für seine historischen Tisch-Kandelaber in Umfang und Länge genau passende Kerzen, die im Handel nicht erhältlich waren. Nur Zimmermann konnte die gewünschte Sorte in der geforderten Anzahl produzieren, nachdem er selbst vor Ort Maß genommen und sich vom Ambiente ein eigenes Bild gemacht hatte. Heute brennen seine Kerzen bei großen Dinners und sorgen für festliches Licht – tropffrei und farblich exakt abgestimmt auf die klassische Tischwäsche und das Porzellan-Service.

Anstrengend und nicht gerade effizient sei eine solche individualistische Premium-Positionierung, sagt Stephan Zimmermann mit Blick auf das günstigere Verhältnis von Aufwand und Nutzen seines Vaters. Und mit seinem eigenen Sohn, der Betriebswirtschaft studiert hat und die Kerzenproduktion in einigen Jahren übernehmen will, überlegt er auch manchmal, ob nicht eine Veränderung des Geschäftsmodells viel bessere Erträge verspräche: weg vom Produzenten hin zum Importeur und Händler. „Es gibt ja mittlerweile kaum noch etwas, das man nicht in Billiglohnländern zu einem Bruchteil der hiesigen Kosten herstellen lassen könnte", sinniert er. Auch die Qualität ließe sich möglicherweise in China oder Indien halten, wenn man am Anfang in die Ausbildung der Leute investiert und klare Vorgaben macht. Hier in Köln wären dann außer einem kleinen Lager und etwas Logistik nur noch er selbst und vielleicht sein Sohn nötig, um die Kerzen zu verkaufen. Selbst die Lieferung ließe sich mit Kurieren schnell und zuverlässig erledigen. Doch so verlockend die Perspektive unter Effizienzgesichtspunkten sein mag: Weder der Vater noch der Sohn wollen diesen Weg in absehbarer Zeit einschlagen. „Ich kann doch gegenüber meinen Kunden nicht für ein Produkt geradestehen, das ich nicht produziert habe", gibt Stephan Zimmermann als wichtigsten Beweggrund dafür an, zunächst einmal alles beim Alten zu belassen.

Schon die letzte größere Modernisierungsinvestition hat sich nicht wirklich gerechnet: die Anschaffung einer vollautomatischen Kerzen-Produktionsmaschine vor einigen Jahren. „Da kommt auf der einen Seite flüssiges Paraffin rein, auf der anderen kommt die fertige Kerze raus", erzählt Zimmermann, „da muss niemand mehr einen Handschlag tun." Allerdings produziert die Maschine auf diese Weise nur gepresste Kerzen, die es auch im schwedischen Möbelhaus gibt und die weitaus schlechter abbrennen als die von Hand gezogenen Kerzen, die Zimmermann ansonsten produziert. „Und weil die meisten meiner Kunden den direkten Vergleich haben, bestellen sie lieber die etwas teureren Kerzen", sagt er. „Die neue Maschine steht nun die Hälfte der Zeit still – auf der einen Seite schade, auf der anderen Seite irgendwie auch ein gutes Zeichen, weil es ja zeigt, dass Top-Qualität noch immer gefragt ist."

Ein gutes Zeichen ist die stillstehende Maschine auch für die 16 Mitarbeiter der Firma Schlösser, denn solange noch Sonderanfertigungen und handgezogene Kerzen das Gros des Geschäfts ausmachen, werden sie gebraucht. Nach wie vor bildet Zimmermann auch im Beruf des Wachsziehers und Wachsbildners aus, in dem er selbst Mitte der 1980er-Jahre die Meisterprüfung abgelegt hat. Und: Er bringt sein Handwerk auch geflüchteten Menschen bei, die bei ihm Arbeit suchen. Der erste Flüchtling kam aus dem Irak. Er kam in den Betrieb, nachdem Zimmermann von Mitarbeitern einer Flüchtlingsinitiative an seinem Wohnort angesprochen worden war: ob er sich vorstellen könne, einem Geflüchteten ein Praktikum zu ermöglichen. „Einfach war das nicht", erinnert er sich heute und nennt als Hauptproblem die Sprachbarrieren. Nach und nach aber ließen die sich überwinden, sodass der neue Mitarbeiter später selbstständig bestimmte Arbeiten übernehmen konnte. Auch dabei verlief allerdings durchaus nicht alles störungsfrei: „Dass wir hier bei einer Produktion von zweihundert Kerzen auch tatsächlich zweihundert identische Kerzen fertigen wollen, dass die einhundertneunundneunzigste also genauso gut sein muss wie die zweite – das ist dann schon ein Thema, das man immer wieder erklären und vorleben muss", berichtet Zimmermann von einer Produktion, bei der der Flüchtling aus dem Irak den Docht der Kerzen nicht immer mittig positioniert hatte. „Das gab dann natürlich Reklamationen und wir haben dadurch gemerkt, dass wir manche Arbeiten eben genauer kontrollieren und anleiten müssen." Wenn man ihn aber fragt, ob es ihm nicht um das Geld leidtue, das er bei solchen Aktionen verliert, dann argumentiert Stephan Zimmermann mit einer eigenen Art von Betriebswirtschaft. Wie auch sonst im Leben sei das einfach eine Mischkalkulation. „Es gibt immer stärkere und schwächere Mitarbeiter – solange die Mischung nicht aus dem Ruder läuft, ist das aber kein Problem. Wir sind ja alle nicht perfekt."

Und weil das so ist, hat sich Zimmermann auch beim Thema Geflüchtete von kleinen Rückschlägen nicht aufhalten lassen und sich bis jetzt noch zwei weitere Male engagiert: Timothy aus Nigeria etwa sprach von vornherein gut Englisch und arbeitete bis Sommer 2017 mit großem Erfolg für Stephan Zimmermann. Dann aber kam die Abschiebung, von der Timothy gehofft hatte, er könnte sie durch die Anstellung bei

Schlösser umgehen. Tatsächlich konnte Timothy nicht einmal mehr seinen letzten Arbeitstag absolvieren, sondern musste das Land umgehend verlassen. „Das", erzählt Zimmermann, „ist uns alles sehr nahe gegangen. Timothy zählte ja schon fast zur Familie. Selbst an der Beerdigung meiner Mutter hat er teilgenommen, weil er – das merkte man – ehrlich Anteil nahm an unserer Trauer."

Und auch mit dem bislang dritten und letzten Geflüchteten, einem IT-Spezialisten aus Syrien, machte Zimmermann gute Erfahrungen, musste den Mann aber letztlich wegen seiner Überqualifizierung wieder ziehen lassen. Alle drei Geflüchteten hat er nach den zwei- bis dreiwöchigen Praktika in Festanstellung zum Mindestlohn beschäftigt, denn das ist für ihn ganz klar: „Von seinem Lohn muss man leben können und man muss – in Form von Steuern und Abgaben – auch wieder etwas an die Gemeinschaft zurückgeben können. So haben am Ende alle gewonnen."

DANKSAGUNG

Wir bedanken uns bei unseren Interviewpartnern, die sich die Zeit für ein Gespräch genommen und ihre Erfahrungen mit uns geteilt haben. Ganz besonders bedanken wir uns für die Geduld, die sie mit der Entstehung dieses Buches hatten, und wünschen ihnen von Herzen weiterhin viel Erfolg mit ihrer Version des Rheinischen Kapitalismus.
Darüber hinaus bedanken wir uns bei Thomas Kutzner für seine redaktionelle Unterstützung und die wertvollen Hinweise zur Lesbarkeit des Textes sowie bei Leo Leowald, der für uns das Cover gestaltet hat.

Pfarrer Franz Meurer
Peter Sprong

Köln, im Herbst 2019

Herstellung und Verlag:

BoD – Books on Demand, Norderstedt

Bibliografische Information der Deutschen Nationalbibliothek:

Die Deutsche Nationalbibliothek verzeichnet diese Publikation in der Deutschen Nationalbibliografie; detaillierte bibliografische Daten sind im Internet über http://dnb.dnb.de abrufbar.

ISBN: 978-3-7494-8347-1